PLAN GÉNÉRAL

DU CIMETIÈRE

MONTMARTRE.

Tout exemplaire ou carte topographique non signés par l'auteur seront reconnus comme contrefaçon.

PLAN GÉNÉRAL

DU CIMETIÈRE

MONTMARTRE

CONTENANT

UN DESSIN DÉTAILLÉ DE TOUTES LES TOMBES
QUI ONT ÉTÉ ÉLEVÉES DEPUIS SON ORIGINE JUSQU'A CE JOUR,
AVEC LEURS INSCRIPTIONS,

Par M. LE CHEVALIER CATRUFO.

Et le riche et le pauvre, et le faible et le fort,
Vont tous également des douleurs à la mort.

VOLTAIRE.

Première édition.

PARIS.

AU DÉPOT, CHEZ ROBICHON,
AVENUE DU CIMETIÈRE MONTMARTRE, N. 11.
1837

UN MOT.

L'auteur qui a conçu et exécuté ce travail (le seul dans son genre), ne l'a entrepris que par un sentiment philanthropique, se flattant de pouvoir procurer quelques consolations à bien des affligés. Pour ne pas obliger les personnes à faire l'acquisition du plan dans sa t——, il l'a divisé en vingt-huit cartes.

Chacune d'elles sera accompagnée d'un itinéraire portatif, contenant toutes les inscriptions avec les numéros correspondants aux tombes qui s'y trouvent. A la fin de la brochure, il y aura un petit plan général du cimetière, divisé par numéros, afin de faciliter à trouver la tombe que l'on désire dans tel ou tel carré. Ainsi, les personnes qui voudront avoir la carte de la partie du terrain où se trouve la tombe qui les intéresse, n'ont qu'à demander la carte qui porte le nom de la pièce.

N. B. Dans chaque carte, pour éviter la confusion, l'auteur a eu recours aux abréviations suivantes : 1er R., premier rang: 1re A., première allée; 1re D., première division; etc.

RÉPERTOIRE.

RECUEIL DES INSCRIPTIONS

DE LA PIÈCE CHARLIER

ET D'UNE PARTIE

DU VIEUX CIMETIÈRE,

A DROITE EN ENTRANT.

(Planche I. Première division.)

PIÈCE CHARLIER.

Première allée, à gauche.

1. Denis-Alexandre Guesdon, né le 30 mars 1774, décédé le 19 janvier 1836.

2. Ici repose Marie Grand, veuve Clouet, décédée le 20 janvier 1836, âgée de 39 ans. Ses enfants et ses amis. *De profundis.*

3. Ici repose le corps de Aimé-Jean Jannon, marchand épicier, décédé le 19 janvier 1836. Priez Dieu pour lui.

4. Ici gît madame Duquesne, née Barbé, décédée le 2 janvier 1836, à l'âge de 26 ans.

5. Ici est venue reposer Marie-Madelaine Lepatre, femme Mirat, décédée chez son neveu, le 19 janvier 1836, à l'âge de 58 ans. Regrettée de tous.

6. Vide.

7. A la mémoire d'André Bardet, marchand de vins, décédé le 20 janvier 1836, à l'âge de 40 ans. Regretté de sa veuve, de sa famille et de ses nombreux amis. *De profundis.*

.8. Ici repose Jean-Pierre Portefin, né à la chapelle Saint-Denis, le 5 septembre 1785, décédé à Paris le 20 janvier 1836. *De profundis.*

9. Ici repose Idalie Benoît, décédée le 20 janvier 1836, âgée de 16 ans. *De profundis.*

10. François-Marie Peulier.

11. Ici repose le corps de Pierre Liévois, décédé le 18 janvier 1836, à l'âge de 54 ans. Il emporte les regrets éternels de toute sa famille. *De profundis.*

12. Ici repose François Duhamel, décédé le 18 janvier 1836, à l'âge de 68 ans. Priez pour lui.

13. Ici repose Marie-Marguerite Picard, vigneron. Elle fut aussi tendre mère que vertueuse épouse.

14. A la mémoire de Jean-Charles Pouillot, décédé à Paris en 1836, âgé de 62 ans. Il avait été du nombre de ceux qui, en 1791 et 1792, sont partis de chez eux pour aller défendre la liberté française et son teritoire qui était menacé. Priez pour lui.

15. Ici repose Marie-Françoise, femme Letellier, née Ras, décédée le 16 janvier 1836, âgée de 61 ans. Elle était bonne épouse et bonne mère, regrettée de tous ses enfants et de tous ses amis. *De profundis.*

16. Ici repose Marie-Claire Renaux, veuve d'Anchin, décédée le 18 janvier 1836, âgée de 49 ans. Elle fut bonne épouse et la meilleure des mères. Passants, priez pour elle.

17. Deyris (Joseph), décédé le 17 janvier 1836.

18. Marguerite Martinent, veuve Detapes, âgée
de 92 ans.

19. Mertet Robert, décédé le 17 janvier 1836.

20. A la mémoire d'une mère, d'une fille et d'une
nièce. Ici reposent les corps de ma mère, femme
Delcamp, décédée le 10 janvier 1836, âgée de 59
ans. Repose en paix, oh! ma mère, près de ta petite-fille chérie.

De Pauline Rousseaud, décédée le 10 août 1833,
à l'âge de 15 ans et 4 mois. Regrettée de son père et
de sa mère, de tous ceux qui l'ont connue, et de son
oncle, dont les regrets d'avoir perdu en elle une
amie ne cesseront qu'avec le battement de son
cœur.

21. Ici repose Marie-Jeanne Chartrin, veuve Gil-
let, décédée le 10 janvier 1836, âgée de 75 ans et
demi. Elle fut bonne épouse, bonne mère, bonne
amie, regrettée de sa famille et de ses amis. *De profundis.*

22. Madame Fontaine.

23. Alexandrine Argenton. Priez pour elle.

24. A la meilleure des mères, qui ne vivait que
pour ses enfants. Marie-Jeanne-Rosalie Choquet,
veuve Leserre, décédée à Chaillot, le 11 janvier
1836, à l'âge de 69 ans.

25. Ici repose Claire-Alexandrine Duchemin,
épouse de Gille Bérardy, née le 7 août 1792, enlevée
à son époux et à son enfant le 22 novembre 1824.

De profundis. A ma fille chérie Charlotte-Félicie Bérardy, née le 12 juillet 1821, décédée le 2 mai 1825.

26. Noël Suchet, décédé le 11 janvier 1856, âgé de 40 ans. Modèle de l'amour filial.

27. Ici repose Jean-Baptiste Husson, décédé le 9 janvier 1856, âgé de 42 ans. Il fut bon époux, bon père, regretté de son épouse, de ses enfants et de ses amis. *De profundis.*

28. Ici repose Louis-Michel Lallier, décédé le 11 janvier 1856, à l'âge de 40 ans. Il fut bon époux et bon père; il laisse une épouse inconsolable de sa perte. *De profundis.*

29. Ici repose Hélène-Joséphine Ramelet, épouse de M. Persin, décédée le 10 janvier 1856, à l'âge de 29 ans. Bonne épouse et sincère amie, son époux inconsolable lui a fait ériger ce simple monument, pour perpétuer ses regrets et ceux de tous ses parents et amis. *De profundis.*

50. Au meilleur époux, au plus tendre des pères. Jean-Baptiste Champion, décédé le 10 janvier 1856.

51. A notre mère.

52. Le 11 janvier 1856, J.-G. Coussineau, né le 13 janvier 1760.

55. Ci-gît Anselme-Marie-Claude Mouilleron, marchand parfumeur, rue de Grammont, n. 17, décédé le 8 janvier 1856, à l'âge de 49 ans et 8 mois. Il fut bon fils, bon père et bon mari; il est

regretté de tous ceux qui l'ont connu. Priez Dieu pour le repos de son âme.

34. Ici repose Adolphe Tremery, décédé le 10 janvier 1836. *De profundis.*

35. Adieu, ma tendre épouse; tes qualités, tes vertus ont fait mon bonheur; tu n'as fait que quitter la vie, moi je reste pour la douleur. Oh! fidèle amie, les regrets de ton époux, de tes enfants, de tes parents seront éternels; ils ne seront sur la terre que pour te pleurer à jamais. Priez Dieu pour elle. Ici repose Catherine-Rosalie André, femme Delaire, décédée le 8 janvier 1836, à l'âge de 55 ans.

36. Ci-gît notre bonne mère. M. M. femme L. C., décédée le 9 janvier 1836.

> Elle l'a voulu, nous ne la nommerons pas;
> Que sa modestie brille même après son trépas!
> Passant, si pour elle tu peux élever des prières,
> Prie pour la meilleure des épouses et des mères.

Son époux et ses enfants inconsolables. *De profundis.*

37. Agé de 54 ans, André Smyers, chevalier de la Légion-d'Honneur.

38. Ici repose, du sommeil des anges, notre fils bien-aimé, Joseph-Raymond Chanoz, mort le 6 mai 1836, âgé de 12 ans. Cher enfant, tu nous fus ravi au printemps de ton âge; toi si bon, si tendre, si généreux, tu faisais notre admiration, nous fon-

dions sur toi les plus belles espérances. Maintenant, il ne nous reste que ton souvenir, et nous n'avons plus qu'à pleurer sur tes restes précieux. Ton tendre père, ta sensible mère et ton jeune frère emporteront leurs regrets jusque dans la tombe, où tu les attends. Que ton âme céleste repose en paix! Adieu, notre cher et bien-aimé ami! adieu!!!

39. Ici repose Jean-Baptiste Bazin, décédé le 6 janvier 1836, âgé de 69 ans, regretté de sa veuve, de ses enfants et de tous ceux qui l'ont connu. *De profundis.*

40. Ici repose J.-B. Pihan, décédé le 27 novembre 1836, à l'âge de 57 ans. Regretté de son épouse, de son fils, de sa famille, ainsi que de tous ceux qui l'ont connu.

41. Ici repose Victoire Ory, veuve de François Laperer, décédée le 7 janvier 1836, âgée de 34 ans. Elle laisse des regrets éternels.

42. A la mémoire d'une épouse chérie. Ici reposent les restes de Jeanne-Henriette Ziwny, femme Lebreton, décédée le 8 janvier 1836, à l'âge de 38 ans. Elle emporte les regrets éternels de son époux, de sa fille et de toute sa famille; car elle fut bonne épouse et tendre mère. *De profundis.*

43. Ici repose Louis-Joseph Lebon, décédé à l'âge de 87 ans, le 28 décembre 1835. *De profundis.*

44. Ici repose Gratienne Gambette, épouse de M. Michel, décédée le 8 janvier 1836, âgée de 34 ans.

Regrettée de son mari, de ses parents et de ses amis. Priez pour son âme.

45. Sans inscription.

46. Madame de Vatteville.

47. Ici repose Marie Michel, femme Roger, décédée le 7 janvier 1836. Elle est regrettée de son mari et de toute sa famille. Priez pour elle; elle nous est ravie à 49 ans.

48. Ici repose Victoire Pillet, âgée de 29 ans, décédée le 7 janvier 1836. Epouse chérie, regrettée de son mari, de son père et de sa mère.

49. P. E. A. de Vernède de Corneilleau, né à Montpellier le 16 mai 1788, mort à Paris le 6 janvier 1836.

50. A Marie-Marguerite Blancheteau, veuve de Laurent-Nicolas Ligé. Vertueuse épouse, bonne mère, ses enfants reconnaissants. Décédée le 8 janvier 1836. *De profundis.*

51. Pierre Faivre, décédé le 6 janvier 1836, à l'âge de 51 ans, regretté de ses parents et de tous ses amis.

52. Ici repose Victoire-Eugénie Peronne, épouse de Joseph Colinet, âgée de 20 ans, décédée, après 4 mois de mariage, le 7 janvier 1836. Elle laisse un époux et des parents dans la plus grande douleur. *De profundis.*

53. Mademoiselle C. Simon, âgée de 29 ans, décédée le 7 janvier 1836.

54. Madame veuve Delecuse.

55. Souvenir d'amitié. 6 janvier 1836. Au meilleur des époux, au plus tendre des pères. Marie-Michel Falais, âgé de 35 ans. Priez pour lui.

56. Ici repose M. Alexis Joly, décédé le 7 janvier 1836. Regretté de sa veuve, de tous ses parents et amis. *De profundis.*

57. Ici repose Marie-Catherine-Bibienne Martine, épouse de M. Boucheret, décédée le 2 janvier 1836, âgée de 47 ans. Priez pour elle.

58. Ici repose le corps de Marie-Sophie, femme Rabussier, décédée le 6 janvier 1836, âgée de 36 ans. Regrettée de son époux, de son fils, et de toute sa famille. *De profundis.*

59. Ici repose Anne Laurent, épouse de M. L. Tossaint, décédée le 19 mai 1836, à l'âge de 44 ans. Bien-être, repos, santé, elle a tout sacrifié aux devoirs d'épouse, de mère et d'amie. Jamais son souvenir ne s'effacera du cœur de son mari ni de ceux de ses enfants. *De profundis.*

60. Ci-gît Marie Thomassin, veuve de Jean-Pierre Milleret, décédée le 5 juillet 1836, à l'âge de 63 ans. *De profundis.*

61. Ci-gît dame Céleste de Broglie, née d'Alcourt de Belzun, décédée le 5 janvier 1836, âgée de 67 ans. A leur excellente mère, le fils et la fille éplorés.

62. Vide.

63. H.-J. B. veuve Desvoyes, âgée de 79 ans, décédée le 5 janvier 1836.

Première allée, à droite.

1. Ici repose Louis-Pierre Bellart, décédé le 15 janvier 1836, âgé de 5 ans. Regretté de tous ses parents. *De profundis.*

2. Jenny-Caroline-Adrienne Levrier, née le 6 février 1835, décédée le 16 janvier 1836.

3. John Gowing, died on the 16 january 1836, aged 67.

4. Augustine Deloche, âgée de 8 ans, décédée le 6 février 1836. Elle laisse à sa tendre mère des regrets éternels. Hommage d'un ami. H. M.

5. Ci-gît Jeanne-Denise-Sophie Bégat, femme Victor Fasquelle, décédée le 18 janvier 1836, à l'âge de 46 ans. Elle fut bonne épouse, bonne mère, bonne amie ; elle laissa son mari et trois enfants inconsolables, et est regrettée de tous ceux qui l'ont connue. Priez pour elle.

6. Marie-Geneviève Lefèvre, veuve Bizouard. 1836.

7. Ci-gît Henry-Lambert Kinet, décédé le 17 janvier 1836, âgé de 46 ans. Regrets éternels de son épouse et de ses enfants, parents et amis. Passants, priez pour lui.

8. Ici repose Marie-Joséphine-Madelaine Lau-

rent, femme d'Endry, décédée le 15 janvier, âgée de 55 ans. Bonne épouse, bonne mère, regrettée de son mari, de ses enfants et de tous ceux qui l'ont connue.

9. A la mémoire de mademoiselle Elisa Tison, âgée de 18 ans, décédée le 16 janvier 1836.

Ainsi qu'en un berceau, je dors sous cette pierre ;
Ne me plaignez donc plus, mais consolez ma mère.

10. Ici repose le corps de Julie-Geneviève Brulé, femme Silvain Bourcier, décédée le 15 janvier 1836, âgée de 45 ans. Regrettée de son mari, de ses enfants et de tous ceux qui l'ont connue. *De profundis.*

11. Ici repose Henri Pechel, décédé le 16 janvier 1836, à l'âge de 72 ans. Il fut bon père, bon époux et sincère ami; il emporte les regrets de sa famille et de tous ceux qui l'ont connu. *Requiescat in pace.*

12. Ici repose le corps d'André Chaumette, décédé le 16 janvier 1836, âgé de 74 ans. Regretté de son épouse et de ses amis. Priez pour lui.

13. Ici repose Louis-Gabriel Obriot, âgé de 30 ans, décédé le 15 janvier 1836. Il fut bon époux, bon ami. Regrets éternels pour sa malheureuse femme. Priez pour lui.

14. Sans inscription.

15. Anne Camu, veuve Tronville, décédée le 15 janvier 1836.

16. Ici repose Yves-Emmanuel Bourgougnat, décédé le 14 janvier 1856. Regretté de ses enfants, de sa famille et de tous ses amis. Priez pour lui.

17. Ici repose Jacques-Alexandre Besnard, décédé le 14 janvier 1836, à l'âge de 52 ans. Il fut bon époux et bon père. Priez pour lui.

18. Ci-gît madame Charlotte Mallet, veuve de Jean-Charles Roquillet-Desnoyers. *Requiescat in pace.*

19. Louis-Mathieu Chabanne.

20. A la mémoire d'une bonne épouse et d'une bonne mère, douloureusement regrettée.

21. Ici repose Angélique-Hélène Caffin, femme Martel, décédée le 4 janvier 1856, âgée de 52 ans. Regrettée de son mari et de ses enfants. *De profundis.*

22. Elise Marivin, décédée à l'âge de 15 ans, le 31 décembre 1855.

> Cessez de me pleurer! du céleste séjour,
> Parents chéris, Élise vous en prie :
> Vous êtes immortels ; dans la sainte patrie
> Vous me retrouverez un jour.

23. Ici repose madame Marianne Desjardin, décédée le 1er janvier 1856. *De profundis.*

24. Caries Nicolas, décédé le 18 janvier 1856.

25. Ici repose Jean-Baptiste-Auguste Delarue, décédé le 1er janvier 1856, âgé de 36 ans.

26. Toi qui reposes sous cette tombe, fasse que le ciel récompense tes vertus!

Ci-gît Marie-Marguerite-Joseph Augé, veuve Leroy, décédée le 1er janvier 1836, à l'âge de 75 ans. Regrettée de toute sa famille et de tous ceux qui l'ont connue. Priez pour elle.

27. A notre bonne mère, Marie-Geneviève-Charles Boireaux, décédée le 2 janvier 1836. Que ce faible monument, élevé à sa mémoire par son époux et ses enfants, conserve à jamais dans leur cœur le souvenir de ses vertus et de son amour! Bonne mère, repose en paix!

28. Ici repose Eugénie-Hélène Merché, femme Chipron, née le 5 avril 1804, décédée le 31 décembre 1835.

29. M. Edouard de Saint-Amand, 1836.

30. Ci-gît Jean Pugeon, âgé de 67 ans, décédé le 31 décembre 1836. Il fut bon époux, bon père. *De profundis.*

31. Aupretre, veuve Modat, décédée le 5 janvier 1836.

32. M. Fournioux.

33. Ici repose Marie Laveissière, femme Griffeuille, décédée le 1er janvier 1836, âgée de 23 ans. Regrettée de son mari et de tous ses amis. *De profundis.*

34. Ici sont déposés les restes d'un fils chéri, modèle des enfants de son âge; les regrets de sa

mère ne finiront qu'avec elle. Alfred Reuilly, né le 15 novembre 1822, mort le 30 décembre 1835.

35. Ici repose le corps de Pierre-Louis Chevalier, décédé le 31 décembre 1835, âgé de 74 ans. Il fut bon époux et bon père; il est regretté de sa nombreuse famille et de tous ceux qui l'ont connu.

36. Madame Soray.

37. M. Hacard, le 28 décembre 1835. *De profundis.*

38. Caroline-Léonie Prévots, née le 20 août 1835, décédée le 30 décembre 1835.

39. A la meilleure des épouses et des mères. Ici repose madame M.-G.-P. Senart, née Chartron, décédé le 29 décembre 1834, à l'âge de 51 ans. *Requiescat in pace.*

40. Ici repose le corps de Rose Barbot, femme Mahaut, décédée le 31 juillet 1835, âgée de 25 ans. La mort, jalouse du bonheur de son époux et de sa mère, les fait pleurer pour la vie entière. Elle emporte les regrets de ses amis.

> Ici dort pour jamais une épouse chérie
> Que l'implacable mort flétrit avant le temps.
> Rose a passé sans bruit à la fleur de ses ans.
> Hélas! repose en paix, ô mon aimable amie!
> Modèle de vertu, dont l'âme est dans le ciel.
> Pour ta mère et pour moi rends grâce à l'Eternel.

41. Ici repose un enfant chéri, Guillaume La-

vergue, âgé de 6 ans, décédé le 29 décembre 1835. Seul et unique espoir de notre bonheur, il ne nous reste que d'éternels regrets. Ange du ciel, prie Dieu pour nous. *De profundis.*

42. Ici repose dame Rose Vrion, veuve de M. François Picherot, décédée à Paris, le 27 décembre 1835, à l'âge de 64 ans. Elle fut bonne épouse et bonne mère; elle emporte les regrets de ses enfants et de ses amis. Priez pour elle.

43. Clarisse Wasse, âgée de 26 ans. Sœur adorée, fille chérie, ta mort seule nous causa les chagrins de la vie ; il ne reste donc que ton père et ton frère pour visiter ta tombe.

44. Ci-gît Pierre Racine, né le 15 août 1785, décédé le 26 décembre 1835. Ses amis.

45. Poisson Aimée, décédée le 30 décembre 1835.

46. Madame de Labroüe.

47. Ici repose Charles Tolbecque, chef d'orchestre des Variétés, décédé le 30 décembre 1835, à l'âge de 28 ans. Il fut bon fils et bon frère; sa famille est inconsolable, et ses nombreux amis le regrettent.

48. Ici repose P.-Aimable Olivier, décédé le 27 décembre 1835, âgé de 54 ans. Il fut bon frère, bon ami; il est regretté de sa famille et de tous ceux qui l'ont connu. Oh! cher frère, nous ne t'oublierons jamais. *De profundis.*

49. Ici repose Pierre-Francois Hacquin, dé-

cédé le 5 août 1827, âgé de 34 ans. *De profundis.*

50. Ici repose Laurent-Alexandre Arson, décédé le 27 décembre 1835. *De profundis.*

51. Aimable-Virginie Saintot, décédée le 28 décembre 1835, âgée de 4 ans. Regrettée de son père et de sa mère, qui la pleureront toujours. *De profundis.*

52. Anne Dechane, née au Fays-Billot, le 27 août 1810, décédée le 26 décembre 1835. Elle possédait toutes les vertus ; elle laisse d'éternels regrets à sa famille qui la chérissait.

53. Ici repose A.-R.-M.-A. Turpin de Crissé, vicomtesse douairière de Carondelet, décédée le 28 décembre 1835, âgée de 71 ans. Priez Dieu pour le repos de son âme.

54. A la mémoire d'une mère chérie. Ici repose le corps de Marie-Nicole-Justine Talon, épouse de M. Briault, décédée le 27 décembre 1835, à l'âge de 50 ans. Elle emporte les regrets éternels de ses enfants, de toute sa famille, qui la regretteront éternellement, car elle fut tendre mère.

55. Ici repose Marie Cantùech, épouse de Jean-Baptiste Sueur, décédé le 28 décembre 1835, âgée de 27 ans. Elle fut bonne épouse et bonne mère, regrettée de son mari, de ses enfants et de ses amis. Priez pour elle.

56. Ci-gît la dépouille mortelle de C.-J.-F. Constant Lemière, décédé le 28 décembre 1835, à l'âge

de 26 ans. Il fut bon époux, bon parent, et généreux ami. Du séjour où tu reposes, mon Constant, mon chéri, si de ton Alexandrine tu ne peux entendre la voix, puissent mes pleurs jusqu'à toi s'exhaler en un concert et bercer amoureusement ton sommeil.

57. Pierre-Jean-Baptiste Merlin, décédé le 27 décembre 1835. Bon époux, regretté de sa veuve, de ses sœurs, neveux et nièces, et de ses amis. *Requiescat in pace.*

58. Bonaventure Malard, veuve Mariage, décédée le 27 décembre 1836, âgée de 49 ans.

59. Madame veuve Philbert.

60. Ici repose en paix Frédéric-François Steurer, né le 14 juillet 1824, décédé le 26 décembre 1835. Mon cher fils, tu fis mon unique bonheur et le charme de ma vie, moi seul je t'aimais et te regrette ; puissent les larmes de ton père te rendre la terre légère!

61. M. François Nallet.

62. Ici repose madame Geneviève Cappi, décédée le 26 décembre 1835, âgée de 45 ans; elle est regrettée de son époux, de ses enfants et de sa famille. *De profundis.*

63. Ci-gît Jean-René Roy, ancien officier, décédé le 25 décembre 1835, dans sa soixante-septième année. Priez pour lui.

64. Vautier, dit Victor, décédé le 27 décembre 1835.

Deuxième allée, à gauche.

1. Ici repose Ernest-Frédéric Janvier, décédé le 10 janvier 1836, dans sa quatrième année.

2. A la mémoire de notre fils unique Pierre-Ernest Boilletot, né le 10 décembre 1834, décédé le 6 janvier 1836. Regrets éternels.

3. Ici repose le corps de Louis-François Hurault, décédé le 14 janvier 1834, âgé de 65 ans. Regretté de toute sa famille. Priez pour lui.

4. A la mémoire d'un brave. Ici repose Louis-Marie Muller, décédé le 13 janvier 1836, à l'âge de 35 ans et demi. Les larmes de ton épouse, de tes enfants, de ta mère, et de tous ceux qui attestent que tu fus toujours bon fils, tendre époux et excellent père, et te regretteront éternellement. *De profundis.*

5. Ici repose Victor Groley, décédé le 18 janvier 1836, dans sa dix-huitième année. *De profundis.*

6. Boris Jean - Étienne Sauveur, décédé le 14 janvier 1836.

7. Ici repose le corps de Céleste-Octavie Lebrun, épouse d'Achille Pruvost, née le 9 mai 1813, décédée le 13 janvier 1836.

> Adieu, ma meilleure amie,
> Tes vertus ont fait mon bonheur ;
> Tu n'as fait que quitter la vie,
> Et moi je vis pour la douleur.

Oh! tendre épouse, excellente amie! ton époux et ta fille ne sont sur la terre que pour pleurer à jamais. Priez pour le repos de son âme!

8. Ici repose le corps de François Tournassat, décédé le 11 janvier 1836, à l'âge de 52 ans. Regretté de son épouse, de ses enfants, de ses amis. *De profundis.*

9. Ci-gît Marie-Catherine le Duc, veuve Vervynck, décédée le 13 janvier 1836, dans sa soixandix-neuvième année. Faisant abnégation d'elle-même, sa vie fut entièrement consacrée à un fils pour lequel sa mort est bien douloureuse. *De profundis.*

10. Ci-gît Marie-Geneviève Bodasse, veuve Thieble, décédée le 11 janvier 1836, âgée de 76 ans, regrettée de ses enfants et de toute sa famille. *De profundis.*

11. Ici repose Mathurin-Claude Birot, né à Paris le 10 août 1752, décédé le 13 janvier 1836, âgé de 83 ans.

12. Ici repose le corps de Abel-Jeanne-Marie, Madelaine de Bardonenche, marquise d'Autane, morte à Paris le 11 janvier 1836, à l'âge de 83 ans. Donnez-lui un repos éternel, Seigneur, et faites luire sur elle votre éternelle lumière.

13. Ici repose Pierre-François Tessier, décédé le 14 janvier 1836, à l'âge de 56 ans.

14. Ici repose le corps de madame Marie Kelle-

mine, veuve de M. Antoine-Jean-François Bloquer, décédée en son domicile, rue Montmartre, n° 105, le 12 janvier 1836, à l'âge de 85 ans. Elle fut bonne épouse; elle est regrettée de tous ses parents et amis. *De profundis.*

15. Ici repose Auguste Nel, né à Paris le 13 avril 1794, et décédé le 14 janvier 1836. Regretté de sa veuve, de ses enfants, de tous ses parents et amis. *De profundis.*

16. Ici repose Eugénie-Valentine Houdet, femme Pichou, décédée le 11 janvier 1836, âgée de 33 ans. Priez pour elle.

17. A la mémoire d'Antoine-François Chamaurel, décédé le 11 janvier 1836, à l'âge de 29 ans. Il fut bon père et bon ami; il emporte dans la tombe les regrets de ses parents et de ses nombreux amis. *De profundis.*

18. Ci-gît Laurent Mongellas, décédé le 12 janvier 1836.

19. Ici repose Christian Scherer, décédé le 12 décembre 1835, dans sa 59ᵉ année. Priez pour lui.

20. Ici repose le corps de mademoiselle Marie-Suzanne-Rosalie le Cointe, décédée le 24 décembre 1835, âgée de 59 ans 6 mois. Regrettée de son père, de ses frères, de sa sœur et de sa belle-sœur. Priez Dieu pour le repos de son âme.

21. Ci-gît M.-T. Lyon, femme Faure, décédée le 25 décembre 1835.

22. Ici repose Ambroise Liénard, fondeur en cuivre, né à Saint-Remy-en-l'Eau (Oise), décédé à Paris le 22 décembre 1835, âgé de 53 ans. Regretté de ses parents et amis. *De profundis.*

23. Pierre-Martin Fabre. 1835.

24. M. Guillaume Chamette, décédé le 23 décembre 1835.

25. Ci-gît François-Maurice Billig, chevalier de la Légion-d'Honneur, chef au ministère des finances, ancien sous-préfet, secrétaire général de la préfecture de police de la Seine, né à Absheim (Haut-Rhin) en 1777, décédé à Paris le 24 décembre 1835.

26. Ci-gît M.-M. Hermoso, né en Espagne, à Torrecilla de Cameros, décédé à Paris le 22 décembre 1835, âgé de 33 ans. Bon époux, bon ami, il laisse une veuve inconsolable de sa perte; il emporte les regrets avec lui de tous ses parents et amis. *De profundis.*

27. A mon époux chéri. Ici repose Jean-François Dellier, né à Allery (département de la Somme), décédé à Paris le 27 décembre 1835, âgé de 64 ans. Il fut bon époux et bon ami; il emporte au tombeau les regrets de son épouse, de ses parents et de ses amis. *De profundis.*

28. Ici repose veuve Humbert, décédée le 10 mai 1836, âgée de 90 ans. La meilleure des mères, qui ne vécut que pour ses enfants. Ses enfants ne vivent

que pour la pleurer. *De profundis.* Passants, priez
pour elle.

29. Ici repose ma mère P. B. 87 ans, 22 décembre
1835.

50. Ici repose le corps de Marie-Anne-Madelaine
Laurent, né à Seignelay (département de l'Yonne),
épouse de M. Petit Colin, fabricant de bougies,
décédée le 21 décembre 1835, à l'âge de 53 ans. Elle
fut toujours bonne épouse et regrettée de toutes les
personnes qui l'ont connue. *De profundis.*

31. Ici repose Remy Canat, décédé le 21 décembre 1835, âgé de 71 ans, regretté de sa veuve et de
ses enfants et amis.

32. Ici repose Charles-Toussaint Queval, décédé
le 20 décembre 1835, âgé de 83 ans.

33. Ci-gît le meilleur des amis, Jean-René-
Lubin Poirier, décédé le 22 décembre 1835, à
l'âge de 57 ans. Regretté de ses fils, parents et
amis. Passants, priez pour lui.

34. Marie-Julie Aulier.

35. Madame Mariotte.

36. Biston (Valentin-Joseph).

37. J. Desbains.

38. Ici repose le corps de mademoiselle Degris,
femme Déblé, décédée le 19 décembre 1837, à
l'âge de 67 ans. Regrettée de son époux, de ses enfants et de toute sa famille.

39. Madame Bayer.

40. Madame Autin.

41. Rouceau, veuve Lefèvres, Elisabeth, décédée le 21 décembre 1835.

42. Ici repose Marie-Marguerite Bussière, femme Barral, décédée le 18 décembre 1835, âgée de 58 ans. Regrettée de son mari, de ses enfants et de toute sa famille.

43. Cordat, Amand, décédé le 21 décembre 1835.

44. A Louis-Joseph Wauquier, mort le 18 décembre 1835, âgé de 22 ans.

45. Ici reposé Jacques-Gabriel Tirot, décédé le 18 décembre 1836, à l'âge de 56 ans. Bon père, bon époux, sincère ami, il est regretté de son épouse, de ses enfants et de toute sa famille. *De profundis.*

46. Ici repose Henri-François Hottegindre, décédé le 17 décembre 1835, âgé de 72 ans. Regretté de son épouse et de toute sa famille. *De profundis.*

47. Vertueuse épouse, repose en paix ! Oh ! ma chère amie, que je te regrette ! Après trois ans de souffrances, il faut nous séparer ! Adieu, ma chère, adieu ! Madame Boullangez, décédée le 17 décembre 1835, à l'âge de 53 ans.

48. Mon père est là. Ici repose Jean Orlhac, décédé le 16 décembre 1835, à l'âge de 47 ans. Souvent ton épouse et tes enfants viendront rendre

hommage à tes vertus, qui ne s'effaceront de leur cœur que lorsqu'ils iront eux-mêmes le rejoindre dans la tombe.

49. Ici repose Geneviève Cochois, veuve Tuzin, âgée de 65 ans, décédée le 17 décembre 1835. Regrettée de ses enfants. *De profundis.*

50. Ci-gît le corps de Louis-Sévère Lemoine, âgé de 22 ans, décédé le 15 décembre 1835. Regretté de son épouse, de ses parents et amis. *De profundis.*

51. Ici est déposé le corps de Gabriel-François-Henry Caours, né à Vire, département du Calvados, décédé à Paris le 17 décembre 1835, à l'âge de 48 ans. Priez Dieu pour le repos de son âme, sous la protection de Jésus et de Marie.

52. A notre meilleur ami. Ici repose Alexandre-Pierre-Joseph Courtois, né le 26 novembre 1787 et décédé le 15 décembre 1834. Il avait toutes les vertus qui constituent un honnête homme. Gens de bien, pleurez sur lui.

53. Madame Plessier, née Quinot, âgée de 69 ans, décédée le 17 décembre 1835.

54. Ici repose Victoire-Félicité Lassiége, décédée le 15 décembre 1835. Regrettée de tous ses parents et amis. Priez pour elle.

55. Ici repose Gabriel Beaulieu, ancien limonàdier, décédé le 16 décembre 1835, âgé de 61 ans.

Regretté de son épouse, parents et amis. *De profundis.*

56. Ici repose Jean-Baptiste Legras, décédé le 20 février 1856, âgé de 44 ans. Ton épouse et tes enfants éplorés viendront souvent rendre hommage à tes vertus.

57. Ici repose le corps de Marie-Victoire Gory, veuve de M. Taillard, âgée de 72 ans, décédée le 16 décembre 1835. Regrettée de toute sa famille. *De profundis.*

58. Ici repose M.-J. Coudray, femme d'André Carcel, décédée le 6 décembre 1835, à 70 ans.

59. Ci-gît madame Delavaux, née Fourie, décédée le 17 décembre 1835, âgée de 40 ans. Bonne épouse et bonne mère, elle laisse un époux et des enfants inconsolables.

60. A la mémoire de la bonne et laborieuse Marie-Anne-Angélique Plumain, épouse Poitier, décédé à Paris le 14 décembre 1835, à l'âge de 55 ans. Repose en paix, ô parfaite épouse et digne mère !...

61. Ici repose Jean-Baptiste Chirot, décédé le 16 décembre 1835, à l'âge de 49 ans. Il fut bon époux, bon ami; il est regretté de tous ceux qui l'ont connu. *De profundis.*

62. Louis Lesage.

63. Ici repose Guillaume-Michel Sourcis, dé-

cédé le 16 décembre 1835, âgé de 51 ans. Il fut bon époux, bon père et sincère ami; regretté de son épouse, de ses enfants, parents et amis. *De profundis.*

64. M. Pompée, Madame Pompée, M. Léon. *D. P.*

Deuxième allée, à droite.

1. Fay, mort-né, décédé le 5 janvier 1836.

2. Ici repose Françoise-Emma Roux, décédée le 4 janvier 1836, à l'âge de 6 ans.

3. A mon meilleur ami, Jean-Baptiste Clouet, décédé le 4 janvier 1836, âgé de 42 ans. Bon époux, tendre père, regretté de sa veuve, de ses enfants, de sa famille et de ses amis. *De profundis.*

4. Virginie-Constance-Pauline Boillot.

5. A la meilleure des sœurs. Ici repose Jeanne-Marguerite Lobréau, veuve de Jean-Julien Delarue, décédée le 4 janvier 1836, à l'âge de 69 ans. Ses rares qualités la font regretter de ses sœur, neveu et nièce, parents et amis. *De profundis.*

6. Achille-Richard Groult, dit Desjardins.

7. Ici repose Louise-Jenny de Cencière, de la Férandière, née à Sancerre (Cher) le 30 juillet 852, et décédée à Paris le 3 janvier 1836. *Requiescat in pace.*

8. Ici repose François Gaime, décédé le 25 janvier 1836, âgé de 80 ans. Priez pour lui.

9. Ci-gît Chrétien-Charles Haentjens, de Nantes, négociant, décédé à Paris, à l'âge de 45 ans, le 2 janvier 1836. A sa mémoire à jamais chère et honorée, sa veuve et ses quatre fils.

10. Ici repose le corps de Marie-Anne Chaudelet, veuve Martin, décédée le 4 janvier 1836, âgée de 87 ans. Regrettée de ses filles et de ses petits-enfants. Priez Dieu pour le repos de son âme. *De profundis.*

11. A madame Weber, veuve Eisenkolb, née le 7 novembre 1747, décédée le 4 mars 1836. *De profundis.*

12. Marie-Anne Courtois.

13. Emile Boyer, mort le 3 janvier 1836, âgé de 4 ans et 4 mois. Bonnes mères, vous seules pouvez comprendre notre douleur; plaignez-nous!

14. Ci-gît Alfred Castoul, décédé le 31 décembre 1835.

15. Ici repose Paul Mellerio, décédé le 51 décembre 1835, âgé de 5 mois.

16. Ici repose mademoiselle Henriette Armanjat, née le 7 septembre 1829, décédée le 2 janvier 1836. Enfant chérie, elle emporte les regrets de tous ses parents et de ses amis. Elle prie pour nous.

17. Abel Magin, décédé le 1er janvier 1836, âgé de 6 ans.

> Puisque déjà l'avare terre
> Réclame ce qu'elle a prêté,
> Rends-lui, cher enfant, sa poussière,
> Et vole au sein de la Divinité.

Son père et sa mère, accablés du coup de sa perte cruelle, soutenus par l'espérance de le revoir un jour, ils prient Dieu.

18. Ici repose Louis-Auguste Millan, décédé le 9 décembre 1835, âgé de 5 ans et demi. Regretté de ses père et mère, de ses parents, et de tous ceux qui l'ont connu. Il prie Dieu pour nous.

19. Auguste Dehault, mort le 8 octobre 1835, âgé de 31 ans. Priez pour lui.

20. Marie-Louise-Victorine Auger, décédée le 11 décembre 1835, à l'âge de 27 mois. Regrets éternels à notre unique enfant chéri. Tendre amie, ta perte cruelle fait le malheur de notre vie.

21. Madame Ozanne.

22. A la mémoire de Thomas Chausson, décédé le 9 décembre 1835, âgé de 28 ans. Regretté de sa mère, de son frère et de ses amis. *De profundis.*

23. Ici repose le corps de Pierre-Louis-Constant Lemée, né à Laigle le 25 août 1782, décédé en sa maison, rue de la Sourdière, n° 23. Bon père, et chéri de ses amis. Priez pour lui.

24. Ici repose Edme-Casimir Boutroy, décédé le 9 décembre 1835, âgé de 52 ans.

25. Anne-Aimable Gournail, veuve Minette, dé-

cédée à Paris le 8 décembre 1835, âgée de 71 ans.

26. Madame Marie-Jeanne Renard, décédée le 9 décembre 1835.

27. *Vitam totam impendere bono,* principe de la société. Il eut pour guide l'honneur, pour égide la vertu, pour but l'humanité. Ici repose Louis-Marie Dumont, né le 15 août 1782, décédé le 7 août 1852, à l'âge de 5o ans. Il fut bon époux et bon père; il emporte les regrets de toute sa famille et de ses amis. *De profundis.*

28. Après trois ans et demi de larmes et de regrets, notre mère chérie a rejoint notre bon père pour toujours.

Ici repose Marie-Alexandrine Périer, veuve Dumont, décédée le 9 décembre 1835, âgée de 45 ans. Malgré la cruelle séparation que la mort a mise entre nous, repose en paix, épouse vertueuse et tendre mère; tu vivras toujours dans le cœur de tes enfants et de toute ta famille, et le souvenir de tes excellentes qualités sera pour eux une émulation pour la pratique des plus douces vertus. Ses parents la pleurent, et ses amis la regretteront éternellement. *De profundis.*

29. Ici repose Jacques-Nicolas Zellier, né à Coblentz le 11 avril 1778, décédé à Paris le 51 mars 1828. Il fut bon époux et bon père. *De profundis.*

5o. Ci-gît Pierre-Louis Gervais, décédé le 5o mars 1825, à l'âge de 54 ans.

31. Dans cette tombe repose Jeanne-Henriette Pujol, née Vauzut. Modèle de toutes les vertus, à 52 ans elle mourut, pleurée de son mari, de ses enfants, de ses gendres et de ses amis. Que son âme jouisse en paix du bonheur qui lui était dû sur la terre. Dieu l'a appelée à lui le 13 mars 1812.

32. Ici repose Jean-Pierre Huck, décédé le 15 novembre 1824, dans sa 42ᵉ année.

33. A mon père, F. J. G.

34. Ici repose le corps de M. T. Y., veuve F., décédée le 18 avril 1836.

35. Mon ami, aime ma mémoire dans mes enfants ; mes enfants, priez votre mère dans son ami ; venez me voir souvent et me demander de bonnes pensées. 31 décembre 1828.

36. Ci-gît Denis-Martin Bohain, né à Paris le 27 février 1764, décédé, chef de division au ministère de l'intérieur de France, le 8 juillet 1811. *Requiescat in pace.*

> Un mal lent et cruel le priva de la vie ;
> Au milieu de son cours, elle lui fut ravie :
> Il eut des jours heureux et connut le bonheur.
> Ils sont trop effacés par son dernier malheur.
> A sa veuve et son fils sa perte est bien amère :
> Il fut toujours pour eux bon époux et bon père.

37. Ici repose E.-P., veuve Houdin, décédée le 5 août 1825, âgée de 49 ans. Priez Dieu pour elle.

38. Ici repose en paix le corps de Jean-Vincent Renould, décédé le 17 juin 1828, à l'âge de 58 ans. Il fut bon époux, tendre père et sincère ami; il emporte dans la tombe les regrets de tous ceux qui surent apprécier ses rares qualités, et Joséphine le Clerco, son épouse, décédée le 1er mai 1824.

39. Sous les protections de Jésus, Marie et Joseph. Ici repose Joseph Bon, décédé le 8 février 1826, âgé de 72 ans. Il fut bon fils, bon époux, bon père, bon ami. Sa veuve et ses enfants inconsolables ont élevé ce simple monument aux souvenirs de ses vertus. Priez Dieu pour le repos de son âme.

40. Ici repose Pierre-Antoine Guerre, décédé le 6 novembre 1828, à l'âge de 64 ans. Souvent ton épouse et ton filleul viendront rendre hommage à tes vertus, qui ne s'effaceront de leur cœur que lorsqu'ils iront eux-mêmes te rejoindre dans la tombe.

41. Ici repose M. Antoine-Louis Beaunier, décédé le 1er décembre 1811, âgé de 7 ans 11 mois.

42. Ici repose Marie-Lise Barbarie, épouse de Jean-Charles-Philippe Rostendan (dit Ballon), décédée le 17 octobre 1822. Sa mémoire sera à jamais gravée dans le cœur de son mari.

43. Ici repose M. Jacques Hervé Mesnil, offi-

cier de la Légion-d'Honneur, chevalier de Saint-Louis, décédé à Orsel le 14 juillet 1828.

44. Mesnil (Jacques), décédé le 16 octobre 1835.

45. Sous cette simple pierre repose Marie-Louise Falantin, femme de Michel-Louis Raftier. Bonne mère, tendre et vertueuse épouse, dans une condition obscure, elle a donné l'exemple de toutes les vertus. Paix et respect à la cendre! Née le 6 mai 1771, elle a quitté ce monde, pour en chercher un meilleur, le 25 août 1828.

46. Ci-gît Charlotte Delavaux, épouse de Jacques Ricou, propriétaire, née à Sémur, décédée à Paris le 17 mai 1822, âgée de 68 ans. Elle fut bonne épouse; ses vertus la font regretter de son époux, de ses enfants et petits-enfants, et de toutes les personnes qui l'ont connue.

47. Ici repose Louis-Théodore Favier, décédé le 21 août 1835, à l'âge de 7 ans. Regretté de toute sa famille. Adieu, notre cher enfant, ton souvenir ne s'éteindra qu'à notre dernier soupir.

48. Ici repose Marie-Madelaine Posnault, femme Pujol, décédée le 25 décembre 1828. Elle fut bonne épouse et bonne mère.

49. Ici repose Rose Robert, veuve Morel, âgée de 64 ans, décédée le 10 novembre 1825. La meilleure mère, regrettée de tous ses enfants et de ses amis. *De profundis.*

50. Ici repose Claude Roux, né à Bonvillard, en Savoie, âgé de 32 ans. Regretté de sa famille et de tous ses amis.

51. A la mémoire de Louise-Pélagie Petit, veuve Moreau, épouse de Charles Lemesle, décédé le 26 mai 1828, à l'âge de 50 ans. On l'aima dans le monde, on la regrette ici. Priez pour elle.

52. Il est là. G. S. Griffon, âgé de 40 ans. 5 décembre 1828.

53. Ici repose Alexandre-François Braulart, âgé de 40 ans. Il possédait les qualités les plus précieuses. Notre douleur sera éternelle.

54. Ici repose la dépouille mortelle de Catherine Brioude, veuve Fournol, femme Guillaume Rouzaire, née à Budiez, département du Cantal, le 15 juillet 1782, décédée à Paris le 5 mars 1827, à l'âge de 45 ans. Elle fut la meilleure des épouses, la plus tendre des mères. La mort l'enleva à son époux, à ses enfants et petits-enfants, dont elle était tendrement aimée, et que sa perte a plongés dans une douleur éternelle. Par ses vertus, elle fut chérie de son époux, de ses enfants inconsolables de sa perte, de sa famille et de ses nombreux amis. Priez Dieu pour elle.

55. Hîc expecta Alexis-Horatius Hautier, natus die Augusti 13, anno MDCCXC, vi°, Obiit anno MDCCCXI, die Novembris XXVI.

Fils unique, ô douleur amère !

Sitôt devait-il expirer
Dans les bras d'une tendre mère,
Qui lui survit pour le pleurer ?

56. Ici repose Gabriel-Alphonse Turpin, décédé le 23 juillet 1828, âgé de 20 ans, fils unique. Il laisse ses père et mère inconsolables de sa perte. *De profundis.*

57. Clara Eugène, décédée le 16 janvier 1828, à l'âge de 18 ans. Priez pour elle.

58. A Brun, Ignace-Louis-Joseph-Philippe, ses amis. Né à Cadix le 24 mai 1778, mort à Paris le 26 septembre 1826, exhumé le 19 octobre 1835.

59. Ici repose le corps de Ursule Linard, épouse de Charles Vital Copin, marchand de vins, décédée le 18 février 1828, âgée de 58 ans. Elle est sincèrement regrettée de son époux, de ses enfants, de ses parents et de tous ceux qui l'ont connue ; elle fut bonne fille, bonne épouse et bonne mère ; elle vécut trop peu pour le bonheur de son mari et de ses enfants, qui l'aimaient et qui la chérissaient tendrement.

60. Ici repose Catherine Gros, décédée à Paris, le 7 décembre 1825, à l'âge de 65 ans.

61. A la mémoire de Jean-Baptiste-Alphonse-Gabriel Charlier, né le 5 juillet 1790, mort le 10 décembre 1825. Par sa mère, son frère et sa sœur.

62. Ici repose une amie sincère, Julie Hagueret,

femme Raudin, décédée le 15 octobre 1835, âgée de 33 ans.

63. Ici repose Jacques Thebault, décédé le 4 avril 1826, âgé de 28 ans. Dors en paix, cher enfant, prie Dieu pour ton père et ta bonne mère. Ce monument, élevé par la tendresse de tes frères et ta sœur, perpétuera le souvenir de tes vertus. *De profundis.*

64. Vide.

Troisième allée, à gauche.

1. Louise-Victoire Chapart, femme Bechelièvre, décédée le 25 décembre 1835, âgée de 41 ans. *De profundis.*

2. Ci-gît madame Noury, née Marie-Françoise Languille, à Beauquay (Calvados), le 18 mai 1774, décédée à Paris le 25 décembre 1835. *De profundis.*

3. A la mémoire de ma bonne Fanny, qui repose ici, Marie-Madelaine-Claudine Viantaix, femme Keil, âgée de 26 ans, décédée le 25 décembre 1835. Elle fut bonne épouse, bonne mère. Regrettée de son mari et de toute sa famille. *De profundis.*

4. Ici repose mon Adèle.

5. Ici repose le corps de Virginie-Antoinette Arnoult, femme Gontier, décédée le 26 décembre 1835.

6. Ici repose le corps de Victoire le Bassard, âgée de 4 ans et demi, décédée le 23 décembre 1835.

Regrettée de ses parents inconsolables. Ange du ciel, prie pour nous.

7. Ici repose le corps de Jeanne Mouton, femme Lecoustiller, décédée le 25 décembre 1835, à l'âge de 68 ans. Regrettée de son mari et de ses enfants. *De profundis.*

8. Ici repose Elisabeth-Augustine le Bassard, âgée de 3 ans, décédée le 18 décembre 1855. Regrettée de ses parents inconsolables de sa perte. Ange du ciel, prie pour nous.

9. A la mémoire de mon père bien-aimé. Ici repose en paix Jean-François Delvals, ancien courrier du gouvernement, décédé le 20 avril 1830, dans sa 59ᵉ année.

10. Ici repose Marie-Antoinette Dusser, née le 5 septembre 1825, décédée le 18 décembre 1855. Regrettée de son frère et de toute sa famille. Priez pour elle.

11. Ici repose Augustine Letrosne, née le 28 mai 1833, décédé le 15 décembre 1855. Priez pour elle.

12. Ici repose madame veuve Plet, âgée de 77 ans, regrettée de ses enfants. *De profundis.*

13. Crépu Jules, décédé le 24 décembre 1855.

14. Ici repose Claude Pannelier, âgé de 55 ans, décédé le 24 décembre 1835. Priez pour lui.

15. Ici repose Désirée Delayac, décédée le 23 décembre 1835, âgée de 10 ans. Regrettée de ses père

et mère, de ses sœurs et de sa famille. *De profundis.*

16. Ci-gît M. A. S. C. Sophrony de Lantivy, veuve Legog ol Toulgoët, décédée le 24 décembre 1835, à l'âge de 45 ans. A sa mémoire chérie, ses enfants.

17. M. Hippolyte Donelle, décédé le 22 décembre 1835.

18. Vide.

Troisième allée, à droite.

1. Ici repose Jean-Baptiste Rigaudeaux, décédé le 14 décembre 1835, à l'âge de 62 ans. *De profundis.*

2. Pelis Edmond, décédé le 16 décembre 1835.

3. A la mémoire de ma bien-aimée Rose-Louise-Joséphine Desmonts, décédée le 14 décembre 1835, à l'âge de 26 ans et demi. Tu ne regrettais que moi en quittant la vie; moins malheureux que toi, à mon heure dernière, je n'aurai rien à regretter, puisque je t'ai perdue.

4. Ici repose Marie Bellat, âgée de 53 ans, décédée le 14 décembre 1835. Elle fut bonne sœur et bonne amie; sa vie fut un modèle de vertus; elle emporte avec elle les regrets de sa famille et de ses amis. *De profundis.*

5. François Ricou, 12 février 1836.

6. Ici repose en paix Anne Viravaux, décédée le

14 décembre 1835, âgée de 18 ans 8 mois. Elle fut orpheline à l'âge de 18 mois; elle sut par sa vertu, la douceur de son caractère, l'exactitude au travail, mériter l'amitié de ses oncles et tantes, cousins et cousines, qui ne cessent de la regretter, ainsi que ses nombreuses compagnes. Ce faible monument fut érigé par sa famille pour perpétuer sa mémoire. Priez Dieu pour le repos de son âme.

7. Jeanne Fleurot, décédée le 12 décembre 1835, âgée de 38 ans.

8. Herpin Jean-Baptiste, décédé le 14 décembre 1835, âgé de 42 ans.

9. Ici repose Jean-Maurice Cochenet, mort le 11 décembre 1835, à 69 ans. Il fut bon époux, bon père, sincère ami; il est vivement regretté de sa famille et de ceux qui l'ont connu.

10. 12 décembre 1835. A mon épouse chérie!!! Jeanne-Françoise-Eléonore Pommier, née le 25 juin 1790.

11. Ici repose madame Lapierre, née Clotilde-Angélique Fache de Nainville. Elle fut toujours fidèle à ses devoirs de fille, de sœur, d'épouse et de mère. Les souffrances des quinze dernières années de sa vie l'ont rendue martyre sur la terre. Passants, qui vous arrêterez près de sa tombe, un souvenir, un regret à sa mémoire, une prière à Dieu pour elle. Décédée le 11 décembre 1835.

12. Bilbec Louise-Hélène, décédée le 15 décembre 1835.

13. Ci-gît Marie-Philippine Forget, veuve de Barbery, décédée le 1er mai 1835, âgée de 77 ans.

14. Ici repose Marie-Nicolle Fleury, épouse de M. Bourgogne, décédée le 13 décembre 1835, âgée de 42 ans. Elle n'a pu survivre à la perte de ses enfants chéris. Que le ciel la réunisse à ses enfants! Son époux pleurera éternellement sa perte, sa sœur ne l'oubliera jamais.

15. Ici repose Louis-Casimir Brebien, né le 12 mai 1812, décédé le 10 décembre 1835. Regretté de son épouse et de son enfant. *De profundis.*

16. Ici repose Marie-Anne-Laure Delfosse, décédée le 15 décembre 1835, à l'âge de 4 ans et 8 mois. Objet des regrets éternels de ses infortunés parents.

17. Ici repose Clotilde-Emilie Bourciet, née le 30 janvier 1811. Elle s'endormit pour toujours le 17 mars 1826, à l'âge de 15 ans un mois et quinze jours. Priez Dieu pour le repos de son âme.

18. Vide.

VIEUX CIMETIÈRE.

Premier rang contre le mur qui suit le bureau du concierge.

1. Vide.

2. Ci-gît A. D. J. Laure Smits, âgée de 12 mois, décédée le 28 février 1806, fille de Jean Smits et de M. D. Gandolph.

3. Ci-gît Pierre-Louis-Joseph Dolmarles, né à Jollaire, département de Jemmapes, le 4 septembre 1736, décédé le 13 nivôse an XIII. Regretté de ses amis. *De profundis.*

4. Ci-gît Henriette-Félicité Belorgey, décédée le 14 nivôse an XIII, âgée de 19 ans et demi. Elle fut chaste et modeste; sa vertu honora son sexe et sa tendresse filiale fit le bonheur de son père. Passants, versez une larme sur sa tombe, elle y emporta l'estime et les regrets de ses compagnes et de tous ceux qui la connurent. *Requiescat in pace.*

5. Ici repose le corps de Suzanne-Louise-Fanny de Fontalba, épouse de J. E. Ferriere, avocat au conseil supérieur de la Martinique, décédée le 14 janvier 1805, âgée de 23 ans. *De profundis.*

6. Françoise-Geneviève Varnier, née le 10 septembre 1762, à l'île de Bourbon, et morte à Paris le 13 juillet 1805 (24 messidor an XIII), âgée de 42 ans et 9 mois. Elle fut belle et bonne; elle fut chérie de ses enfants, de ses parents, de ses amis. Quoique jeune encore, elle sut mourir.

Reçois de tes enfants le faible tribu de leur amour et de leur douleur profonde. Puissent les pleurs qu'ils verseront aller jusqu'à ton cœur!

7. Vide.

8. Ici repose Anne Hérard, décédée le 25 mars 1810, âgée de 26 ans et 2 mois. Tout le monde l'aima. Erigé par Portelette, son époux.

9. A. Eugène, fils de L. A. P. Portelette et de M. Jacques Gaubert, décédé à l'âge de 5 ans 5 mois et 10 jours, le 3 février 1819, à 4 heures du matin.

> Le jour où la mort le frappa
> Pour jamais, cher enfant, le bonheur nous quitta.

Le 19 janvier 1824, M. J... G. fut réunie au fils qu'elle avait pleuré 5 ans.

10. Ici repose la meilleure des mères et la plus regrettée. Anne Moreau, veuve de J. C. Lesueur, décédée le 8 février 1805.

11. A la mémoire d'Anne-Rosalie Leroy, épouse du sieur Duvant, avoué, décédée le 9 février 1805. Tendre fille, aimable sœur, charmante épouse, sa douceur, son esprit et ses vertus subjuguaient tous

les cœurs. La mort a détruit son empire, mais elle n'a pu effacer le souvenir des qualités qui l'ont rendue si chère. *De profundis.*

12. Ici repose Emmanuel le Gras, marchand de draps, né le 25 décembre 1759, et décédé le 7 février 1805.

13. Ci-gît Anatole-Nicolas Petitain, âgé de 51 ans, décédé le 16 février 1805.

> Tout en Dieu se reposant,
>   Jusqu'à son heure dernière,
> A ses amis, en expirant,
> Il fit cette courte prière :
> Soignez ma femme et mes enfants ;
> Vous dites oui... je meurs content.

14. Ci-gît Marie-Anne-Angélique-Désirée Vasse, née le 24 janvier 1774, au Havre, département de Seine-Inférieure, décédée à Paris le 6 février 1805.

15. Hîc jacet Josephus Pommier presbyter sane loriensis vicarius, ecclesiæ parochialis Rochi, obiit die 10 julii 1805. *Requiescat in pace.*

16. Ci-gît madame Marthe-Adélaïde Marchais, née à la Caze, décédée le 5 mars 1805, âgée de 57 ans.

17. A la mémoire de Marguerite Botton, épouse d'Etienne-André-Honoré Reine, décédée le 15 février 1824, âgée de 45 ans. Epouse chérie, mère tendrement aimée, elle consacra sa vie au bonheur

de son époux et de ses trois enfants dont elle est regrettée ainsi que de toute sa famille, et périt victime de l'amour maternel, en donnant le jour à son quatrième enfant. Le fruit de son amour et de sa tendresse repose auprès de ses restes inanimés. Qu'elle repose en paix !

18. Ci-gît Joséphine Hardy, décédée le 3 brumaire an 14, âgée de 3 ans et demi.

19. Ici repose P. J. G. Jaunez-Spouville, né à Metz le 31 janvier 1751, décédé le 19 mars 1805. Comme fils, frère, époux, homme, père, ami, aucun ne fut jamais plus justement chéri.

20. Ici repose Léon-Marc-Auguste-Marie Bourgot, né le 3 germinal an X, à quatre heures et demie, mort le 30 messidor an XIII, à quatre heures et demie.

21. La nature. Ici repose Anne-Alexandrine-Georgette de Maupertuis, âgée de 10 mois et demi, décédée le 5 nivose an XIII. Elle fut chérie de Catherine-Rebecca Draveman, épouse de Robert-Nicolas-Martin de Maupertuis.

22. Sans inscription.

23. Vide.

24. Vide.

25. Oh ! la plus chérie, la plus estimable femme. Elisabeth-Marguerite Pons, épouse de Denis Duchesne.

26. Ici reposent deux sœurs, Louise Charlemagne,

décédée le 15 juillet 1820, enlevée à 11 ans, à sa famille désolée, et Marie-Thérèse Charlemagne, épouse de Charles-Prosper Buiard, décédée le 17 février 1825, âgée de 28 ans, regrettée autant qu'elle était chérie d'un père, d'une mère, d'un époux et de deux enfants.

27. Ici repose le corps de demoiselle Caroline Valdrée.

28. A la mémoire de M. Mouchet-Laubepin, capitaine de vaisseau.

29. Ici repose Elisabeth Dumont, veuve de Pierre Bergerat, décédée le 23 mars 1810. Priez Dieu pour son âme.

30. Vide.

31. Mortel, qui visites ces tombes, arrête-toi et lis : Ici reposent les cendres de Marie-Adélaïde-Hyacinthe, fille de Martin Bertheaum et de Marie-Françoise Bordeaux, née à Paris le 23 mars 1790, et décédée le 5 juillet 1805.

Deuxième rang.

1. Marie-Jeanne Dutramblay, née Jansi, morte à 56 ans, le modèle des filles, des épouses et des mères, le 26 juillet 1805.

2. Ci-gît Marie-Jeanne Vavasseur, veuve de M. Marie, épouse de M. Hennelle, décédée le 19 nivôse an XIII, âgée de 60 ans. Elle fut bonne fille,

bonne épouse, bonne mère, et fut regrettée de tous ses parents.

5. Ci-gît François-Marie-Ignace Piccaluga, né à Gênes le 2 janvier 1737, décédé à Paris, rue de la Loi. le 30 frimaire an XIV. Regretté de son fils, de ses amis. *De profundis.*

4. Ci-gît M. Vincent Dufour, ancien avocat au conseil, décédé le 7 pluviôse an XIII (le 27 janvier 1805), âgé de 74 ans.

5. A l'amitié. Ci-gît Claude-Hilarion Valentin, médecin instruit, décédé le 5 pluviôse an XIII, âgé de trente-cinq ans.

6. Ici repose Jean-Joseph Smits, né à Liége, département de l'Ourthe, le 14 juillet 1756, mort le 8 août 1806.

7. Ici repose la plus regrettée des femmes, Angélique Capon, épouse d'Antoine Rivière, morte en couches le 24 mars 1810, à l'âge de 23 ans. Auprès d'elle repose son enfant. Elle fut un modèle de piété filiale et des autres vertus. Le temps, qui détruit tout, semble augmenter les regrets que sa perte a causés à ses parents inconsolables.

8. Ci-gît Nicolas-Charles Dufour, marchand boucher, natif d'Abbeville, département de la Somme, décédé à Paris le 17 fructidor, l'an 1805, âgé de 47 ans. Priez Dieu pour son âme.

9. Ici repose Joseph-Denis Hopsomere, né à Gand le 8 juillet 1726. Il a été enlevé par une mort

prématurée, le 25 février 1805, à la tendresse de sa famille et à l'attachement de tous ceux qui l'ont connu. Priez Dieu pour lui.

10. Ci-gît Françoise-Madelaine Delaville, épouse de Michel Chaigneau, capitaine du génie, mort en mars 1805.

11. La piété filiale a élevé ce simple monument à la tendresse maternelle, aux modestes vertus de Marie-Françoise Queneville de Romesnil, veuve de Léonard Giron, décédée à Chaillot le 19 février 1805 (an XIII) dans sa soixante-douzième année. O vous tous qui savez ce qu'est une bonne mère, regrettez la nôtre ; elle fut chère à tous les cœurs, pleurez-la avec nous. Priez Dieu pour elle.

12. Sans inscription.

13. A la meilleure des épouses, un époux affligé, offre ce triste gage d'un souvenir éternels.

Quam sæva, ante diem, cæca mors abstulit ictu,
Illo in corde meo quamvis sub marmore vivit.

Décédé le 17 ventôse an XIII (8 mars 1805), Angélique-Charlotte Savoyen, épouse de François-Exupère Elle.

14. Ici repose François Brechon, né à Paris le 7 avril 1735, mort le 19 ventôse an XIII. Ses enfants, ses parents, ses amis le pleurent.

15. Ci-gît le célèbre peintre Jean-Baptiste Creuze. Son bon cœur, sa sensibilité, sa bienfaisance et son

aimable caractère le firent autant aimer que ses talents le firent admirer.

16. Ici repose Jean-Antoine Borgnis Desbordes, poëlier-fumiste, né le 18 mars 1750, à Graueggia, département de Lagogna, en Italie, décédé le 22 mars 1805, en sa maison, rue de Bondy, n. 58. Il fut bon ami, bon mari, bon père. L'amour conjugal et la piété filiale lui élevèrent ce monument de douleur et de regrets. Priez Dieu pour lui.

17. Ici repose Eugène Troette, né le 23 août 1795, mort le 2 août 1805.

18. Ici repose Charlotte-Victoire Caron, épouse de Martin Didier, marchand, décédée le 2 mai 1812, âgée de 34 ans.

19. Ici repose Louise-Félicité de Becdelièvre, décédée le 17 mars 1810, âgée de 27 ans. Louis de Lasselle, son époux, lui a fait élever ce monument, gage de sa tendresse et de sa douleur.

20. Charles-Nicolas Roger de Bully, décédé le 19 mars 1806.

21. Ci-gît Marie-Philippe-Claude Dunkel, épouse de M. A. L. Delessert, née le 30 juin 1730, mariée 3 juin 1805; morte 4 septembre 1805.

22, 23, et 24. Vides.

25. Ci-gît Marie-Thérèse Andouille, veuve de M. H. Jérôme-François-Hector Saleur, ancien fermier général, décédée le 28 octobre 1805, à l'âge de 52 ans.

26. Ci-gît Marguerite - Louise - Amédée Des-noyers de Lorme, veuve de Toussaint Odeau de Ronseray, décédée à Paris le 20 fructidor de l'an XIII (7 septembre 1805), âgée environ de 85 ans, étant née le 22 octobre 1720. Priez Dieu pour elle.

27. André-Béatrix de Saul, ancien commissaire général de la marine à Lyon, le 9 avril 1718, dé-cédé le 28 germinal an XIII (18 avril 1805). Ta vie fut pleine ; après 28 mois de souffrance, tu t'es éteint. La religion, l'amitié, la tendresse de ta famille ont adouci tes derniers moments.

28. Ici repose M. C. Mauclerc, veuve de N. L. S. de Villemagne, décédée le 20 avril 1805, âgée de 68 ans. Sa vie fut un continuel exercice des plus éminentes vertus et de la plus haute piété. Des en-fants inconsolables lui ont élevé ce simple monu-ment.

29. Ici repose Marie-Thérèse Nogué, épouse de Jean -E.-Joseph Nogué de Meyrac, née à Olé-ron, en 1771, décédée le 22 avril 1805, rue Saint-Georges, n. 16.

30. M. A. mort à 10 mois, le 18 octobre 1805. Il accuse à la fois la meurtrière avarice d'une perfide nourrice et le silence des lois.

31. Louis Delaterre, décédé le 3 floréal an XIII, âgé de 69 ans.

> Dans ce dernier asile où tu ne souffres plus
> Le méchant veut encore insulter à ta cendre !

> Mais ses efforts sont vains! garants de tes vertus,
> L'estime et l'amitié l'empêchent d'y descendre.

Ici repose le corps d'Agathe L'Allemand, née à Saint-Christophe près Nancy, en l'année 1752, décédée à Paris le 9 floréal an XIII (1805).

52. D. O. M. Ici reposent, en attendant la résurrection, les corps de Louis-Jacques de Varice de Vaulcard et de Marie-Anne Delage, son épouse, lesquels ont élevé ce monument, en mémoire d'un fils tendrement chéri, autant par son amour pour la religion catholique que par sa tendresse filiale et les vertus de son cœur, né à Montsoreau près Saumur le 21 février 1786, et décédé à Paris le 28 avril 1805.

Troisième Rang.

1. Sans inscription.

2. Ci-gît Louise-Eléonore-Victoire Crublier de Saint-Ciran, née le 22 décembre 1787, décédée le 31 mars 1806.

3. Ici repose Etienne-Louis Legros, décédé le 29 avril 1812, âgé de 53 ans. Il fut bon époux, bon père et sincère ami. Son épouse et ses enfants inconsolables de sa perte lui ont fait élever ce monument à sa mémoire. *De profundis.*

4. Ci-gît Jacques Collginon, serrurier, né à Sorbey, en Lorraine, le 26 novembre 1754, décédé à

Paris, le 4 juillet 1806, regretté de sa famille. Un *De profundis*.

5. A la mémoire d'Adrien-Jean Guignet, mort à Versailles le 13 novembre 1789. Ce monument est érigé sur la tombe de sa respectable épouse, notre mère, née Jeanne-Catherine Camus, morte à Paris le 28 décembre 1806 et de sa belle-sœur, née Véronique Camus, veuve Portu, morte à Paris le 27 novembre 1806.

6. Ci-gît M. Jean-Pierre Baudin, bourgeois, né à Paris, décédé en sa maison, rue Chantereine, n.3, âgé de 49 ans et 9 mois.

7. Ici repose la dépouille mortelle de M. Claude-Antoine Devivier, ancien plénipotentiaire de France près les princes et Etats du cercle de la Basse-Saxe, né à Constantinople le 2 décembre 1754, et décédé à Paris le 24 mars 1806.

8. Ici repose François-Toussaint Beau-Jean.

9. Ci-gît Marguerite-Elisabeth Fénard, décédée le ·· octobre 1806.

10. A la mémoire de notre vertueuse mère, madame veuve Rivet. Elle s'endormit dans le Seigneur le 15 septembre 1823, dans sa soixante-huitième année. *De profundis*.

11. Ici repose Marie-Geneviève Levillain Desériches, âgée de 41 ans, décédée le 5 décembre 1805, épouse d'Auguste Dumoulin, marchand de draps. Bonne amie, bonne mère, épouse vertueuse, chérie,

elle laisse trois enfants en bas-âge et son mari inconsolables.

12. Ici repose Marie-Catherine Meunier, veuve de Jean Eckard, âgée de 77 ans. Elle se réunit à son vertueux époux le 10 août 1806. Leurs enfants et petits-enfants, qu'ils ont tendrement chéris, sont inconsolables. *Maj. nat. delect. pos.*

13. Ici repose le corps d'Abraham-Louis Delachaux, époux d'Anne-Martinne Colin, né à la Chaux-de-Fonds, en Suisse, canton de Neufchatel, décédé le 22 brumaire an IV, âgé de 41 ans.

14 et 15. Sans inscription.

16 et 17. Vides.

18. Ci-gît Charlotte-Catherine-Reine Lemercier de Richemont, morte le 9 février 1807, âgée de 5 ans 7 mois 5 jours.

19. Ci-gît Marie-Françoise-Albertine-Céleste Leblond, âgée de 31 mois, née le 7 septembre 1803, morte le 5 avril 1806, fille unique et chérie, qui promettait par sa grande douceur et son charmant caractère de faire le bonheur de ses tendres père et mère. Cette enfant chérie est généralement regrettée de toute la famille, et de tous ceux qui la connaissaient.

20. Ici repose Jeanne-Césarine Moncellas, née le 4 vendémiaire an XI, décédée le 20 mai 1806.

21. Sous cette pierre reposent les restes précieux de dame Antoinette-Sophie de Schauenburg, épouse

53

de François-Maurice de Cointet, décédée le 1er septembre 1805. Jusqu'à ce qu'un jour, rendue à ses amis, un monument plus digne de son rang et de ses vertus, élevé à sa mémoire adorée, consacre à jamais la douleur, les justes regrets de son époux et de sa famille éplorée. Dans cette même tombe repose avec son épouse François-Maurice de Cointet, né à Einsishem, département du Haut-Rhin, mort âgé de 45 ans, le 2 mai 1809.

> De ces époux bien-heureux
> Dieu forma les tendres nœuds,
> Par la mort les sépara,
> Par la mort les rapprocha.

22. Ici repose Jean Fontaine, que l'inflexible Parque enleva à l'âge de 21 ans à l'amitié de tous ceux qui l'ont connu. Il fut autant l'ami de son père que chéri d'une tendre sœur; s'il emporta leurs regrets il ne put emporter leurs souvenirs. Décédé le 27 fructidor an XIII. (14 septembre 1805.)

23. Ci-gît Euphrasie Lucas, décédée le 25 février 1812. Fut regrettée de son institutrice et de tous ceux qui la connurent. Son frère et sa belle-sœur, inconsolables de sa perte, ont élevé ce simple monument à sa mémoire.

24. *Hic requiescit Georgius - Renatus Pleville Pelley Granditille, natus anno 1726, die Junii 26, mortuus Parisiis anno reipublicæ XIV, die vendémiaire.*

25. Ici repose Madelaine -Françoise Guérin, veuve de Bernigal, décédée le 18 octobre 1805.

26. Ici repose le corps de Louis-Robert-J. de Flavigny, né à Elbeuf le 5 avril 1780, mort à Paris le 28 octobre 1805.

Il fut bon fils, bon frère, bon père et bon ami.

Sa bienfaisance et son humanité l'ont fait chérir pendant sa vie et regretter après sa mort.

> Le plus parfait bonheur, s'il en est sur la terre,
> Allait fixer son sort et combler tous ses vœux ;
> Mais, hélas ! son espoir ne fut qu'une chimère
> Et d sparut quand il se crut heureux.

27. Ci-gît Pierre de Breux, né le 6 avril 1740 et mort le 25 octobre 1805.

Ici repose un bon père entouré des douleurs de ses deux fils, de sa famille entière. Que ce tombeau conserve sa poussière ! que ce saule atteste nos pleurs !

28. Cinq fils au meilleur des pères. Jean Bougevin, 24 décembre 1805.

Ad præstantissimam inter matres et uxores. Hic jacet Maria-Angelica Leroux, uxor Joannis Bougevin; nata Lutetiæ 17 die mensis Septembris, anno 1754, mortua 22 die mensis Octobris, anno 1805. Requiescat in pace.

29. *Hic jacet Joannes-Petrus Serre.*

30. La piété filiale et la reconnaissance ont posé cette pierre sur la tombe de madame Marie Garris-

son, veuve de M. Pierre Serres, née à Montauban, département du Lot.

En entrant à droite, premier rang.

1. Ici repose, comme dans le souvenir et dans le cœur de son épouse et de ses amis, Marie-Claude-Victor Dubœuf, négociant, né à Grenoble le 15 avril 1763, décédé à Paris, âgé de 59 ans 8 mois et 26 jours, le 20 frimaire an XI de la république (11 décembre).

2. Ici repose en paix Anatole-François-Jean-Baptiste Drouin, né le 16 octobre 1819, décédé le 7 décembre 1825. Enfant chéri de ses père et mère et de ses amis, nos cœurs conservent à ta mémoire un souvenir éternel. Priez Dieu pour lui.

3. B. F., décédé le 25 octobre 1825, âgé de 36 ans.

Deuxième rang.

1. Sans inscription.

2. Ici repose Louis Bayard, capitaine adjudant de place, décédé le 27 mars 1810, âgé de 58 ans. Bon époux et bon père.

Premier rang partant du troisième, dont le premier commence le long du mur, au bout de la loge du concierge.

1, 2, 3, 4, 5. Vides.

6. Ici repose J.-Antoine Belloné, né le 26 septembre 1794, époux de Mélanie Chiadi, décédé le 19 novembre 1822. La mort, cette mort qui naguère, dirigeant sa faux contre nous, me priva du meilleur des pères, m'enlève aujourd'hui mon époux; un devoir de ce coup si funeste me fait supporter la douleur; c'est pour ta fille, oui, le reste de ce devoir est dans mon cœur. *De profundis.*

Deuxième rang.

1. Ci-gisent Pierre Couppa, marchand de bois neuf, décédé le 12 octobre 1806, âgé de 52 ans et demi; et Marie-Catherine Allegrain, son épouse, décédée le 15 avril 1802, âgée de 49 ans.

2. Vide.

3. Ici repose le corps de M. Barthélemy Danglard de Bassignac, ancien commandant à la Martinique et lieutenant de roi du château Trompette à Bordeaux, décédé le 5 novembre 1806, âgé de 82 ans, sur la paroisse de Saint-Louis de la Chaussée-d'Antin, muni des sacrements de l'Eglise et inhumé en ce lieu.

4 et 5. Vides.

6. Ci-gît Pierre-François-Antoine Chiodi, chevalier de l'Ordre-Helvétique, né en 1754, et décédé le 31 mars 1822. Bon époux, bon ami, bonpère, il

laisse à sa mort les regrets de ses amis, de sa famille entière, par ses vertus et ses bienfaits.

A faire des heureux il mit toute sa gloire,
Et sera, quoique loin d'eux,
Toujours présent à leur mémoire.

Priez pour lui.

Troisième rang.

1. Vide.

2. Ici repose Suzanne-Adrienne Gandouard de Montaure de Marcenay, la meilleure des mères, la plus adorée, la plus regrettée, née le 8 mai 1763, décédée le 12 mars 1812.

3. Ci-gît, près de sa sœur bien-aimée, Marguerite-Angélique Mulot, née Lemière, décédée le 29 juin 1829, à l'âge de 77 ans. *De profundis*

4. D. O. M. Ici repose le corps de Marie-Anne-Dorothée, Lamblet, native de Creteuil, département de l'Oise, épouse du sieur Alexandre Guilmain, décédée le 31 mars 1810, âgée de 31 ans. Elle fut épouse chérie, fidèle et tendre amie ; faire des heureux fut son seul plaisir.

5 et 6. Vides.

Quatrième rang.

1. Ci-gît Louis Fontaine, né le 17 juin 1716,

ci-devant mousquetaire, maître-d'hôtel du roi, receveur général des finances, décédé le 21 septembre 1806.

2. Ci-gît Jacques-Victor Pourget, décédé le 17 mars 1812, âgé de 7 ans. Les qualités de son cœur le firent aimer et chérir de ses père et mère ; sa perte leur fera verser des larmes jusqu'au dernier soupir.

3, 4, 5. Vides.

6. Sans inscription.

Cinquième rang.

1. Ici repose Angélique-Vivens Sevilli, épouse de Jean Eckard, décédée le 19 septembre 1809.

2. Vide.

3. Le frère et la sœur à la plus tendre mère, Marie-Louise Carpein, femme Marchand, décédée le 22 septembre 1806, âgée de 57 ans.

4. Famille Henri Emler.

Ici reposent Madeleine-Françoise Hugues, épouse de J.-G.-J.-G.-C. Emler, née à Amsterdam le 27 août 1775, décédée à Paris le 27 décembre 1806.

Henriette-Charlotte Thuret, née Hugues, née à Amsterdam le 19 avril 1780, décédée à Paris en 1809.

J.-G.-J.-G.-C. Emler, négociant, né à Bordeaux le 6 avril 1772, décédé à Paris le 3 mars 1819.

Louise-Aimée Henri, née au Havre le 16 février 1818, décédée à Paris le 8 février 1837.

5. Vide.

6. Ici reposent les cendres de Marie-Julie San-
terre, femme de M. Delon, négociant, décédée le
23 décembre 1812, à l'âge de 38 ans. *De profundis.*

Sixième rang.

1 et 2. Vides.

3. Ci-gît Geneviève-Françoise Cordier, femme
Grandpré, décédée le 9 septembre 1806.

4 et 5. Vides.

6. Sans inscription.

7 et 8. Vides.

9. Ci-gît Marie-Jeanne Prudhomme, née le
4 août 1725, décédée le 11 avril 1812, veuve de
Thomas Boyer, ancien professeur de botanique et
conseiller au conseil de Paris. La piété filiale a érigé ce monument. Ici repose, près de Marie-Anne
Prudhomme, François-Maurice Bernaville, son neveu et gendre né à Rosny le 8 décembre 1769,
décédé à Paris, commissaire de bienfaisance, le 14
novembre 1822.

Tendre et sensible époux, ami sincère,
Ses vertus attestaient la bonté de son cœur;
De la veuve l'appui, de l'orphelin le père,
Toujours du malheureux il fut le bienfaiteur.
De nos antiques mœurs observateur fidèle,
Tendre époux, vertueux et probe sans effort,

Pour le pauvre, animé d'un charitable zèle,
Il rêva le bienfait même au sein de la mort.

Surgete, pauperes.

Elle naquit trop tard, pour le bien qu'elle fit pendant sa vie, et mourut trop tôt, pour celui qu'elle aurait encore désiré faire.

Elle conserva jusqu'au tombeau son goût pour la culture des plantes, et ses connaissances en botanique la rendirent précieuse à l'humanité.

10. Ici repose Jean-Pierre Bergeret, né à Lasseube, près Oléron, département des Basses-Pyrénées, le 25 novembre 1751, mort à Paris le 28 mars 1813. Docteur en médecine et en chirurgie, il exerça ces deux arts avec un égal succès; il fut cher à ses amis par les secours de son expérience et par les qualités de son cœur; mais il se dévoua principalement au soulagement des malheureux, qu'il aidait de ses soins et de sa fortune.

11. Ci-gît M. Antoine Ours Dusson, comte Donnezan, ancien maréchal-de-camp, chevalier de l'ordre royal et militaire de Saint-Louis, décédé à Paris le 23 janvier 1813, âgé de 85 ans. Vivement regretté de sa famille et de ses nombreux amis.

Septième rang.

1. Vide.
2. Maurice-Catherine Avrin.

3. Sans inscription.

4, 5, 6, 7. Vides.

8. A la mémoire de J. H. Fragonard, de l'Académie royale de Peinture, né le 5 mars 1752, décédé le 22 août 1806. Ses parents et ses amis dans la douleur.

9. Ci-gît François Linares, étudiant en médecine, né à Puy-l'Evêque, département du Lot, mort à Paris le 18 novembre 1806, âgé de 21 ans.

10 et 11. Sans inscription.

12. D. O. M. Ici repose Anne-Michel Chevotet, dame Chaussard ; âme pieuse et vertueuse épouse, tendre mère, née à Paris le 27 juillet 1743. Elle a été appelée au ciel, sa patrie, le 16 mai 1807. Ce monument a été érigé à la mémoire de ses vertus par son époux et ses enfants inconsolables.

Credo Dominus.

13. D. O. M. Ici repose Jean-Baptiste Chaussard, architecte, né à Tonnerre le 4 septembre 1729, mort à Paris le 26 juin 1818. Homme de mœurs antiques, d'un talent distingué et d'un caractère ferme. Cette pierre consacrée à sa mémoire par la reconnaissance et les regrets de ses enfants.

14. Sans inscription.

Huitième rang.

1. Ici repose Catherine Trésor Chausse de Lu-nesse, décédée le 23 février 1812.

2. Vide.

3. Ici repose Ursule-Marie Barbier, âgée de 15 ans, qui eut le malheur d'être écrasée par un cabriolet le 7 mars 1810 ; elle emporte avec elle les regrets de ses parents. *Requiescat in pace.*

4. Marie-Louise Blo, décédée l'an 1812.

5. M. Ganay.

6. Ici gît Charles-Henri Sanson, né à Paris le 15 février 1793, décédé le 4 juillet 1806. Cette pierre lui fut érigée par son fils et sa famille, dont il fut regretté.

7. Ici repose Gabrielle-Louise Greuse, décédée le 10 avril, l'an XII.

8. Ici repose une épouse. Des parents, quelques amis pénétrés d'une juste et sincère douleur, ont déposé la dépouille mortelle de Paul-Philippe Guerin, correspondant de l'Institut et membre de plusieurs Académies, né à Paris le 6 juin 1738, mort le 26 février 1812. Poète, historien et savant également recommandable par la variété, la solidité de ses connaissances et par la loyauté de son caractère. Il se montra constamment, dans ses écrits comme

dans sa conduite, fidèle à la vérité, et il eut le rare talent de la faire aimer.

9. Vide.

10. Ici reposent les corps : 1° d'Augustin-Mathieu Beaupied de Clermont, né à Paris le 18 septembre 1725, décédé à Paris, rue Saint-Fiacre, n. 424, le 10 juillet 1806;

2° De M. Lemore, son exécuteur testamentaire, et de Jeanne-Claire Beaupied, sa sœur, veuve de M. Pierre Denuis, née à Paris le 3 août 1717, décédée rue Saint-Fiacre, n. 424, le 30 fructidor de l'an IX (le 17 septembre 1801). *Requiescant in pace.*

11. Ici repose Jean-Louis Fargeon.

12. Ici repose Jean-François-Charles Dangreville, né le 4 juillet 1766, et décédé à Paris, après 6 mois de souffrances, le 4 mars 1810. Regretté de tous ceux qui le connurent.

13. Vide.

14. Sans inscription.

15. Barbe-Eulalie-Claude, dite Simou, née le 5 février, religieuse.

16. Ci-gît François Cabany, natif de Paris, membre de l'Académie royale de Chirurgie, décédé le 7 novembre 1806, âgé de 82 ans.

17. Anne Vaylel, veuve d'Antoine Boussuge, décédée le 13 juillet 1823.

Neuvième rang.

1. Vide.

2. Ici repose Louis-Victor Douay, né le 2 novembre 1798, décédé le 5 juin 1807.

3. Ici repose Elisabeth-Eulalie Durand, douée d'une figure céleste. Elle avait 14 ans, le ciel avait mis dans son âme le germe de toutes les vertus; mais, hélas! comme une tendre fleur, elle ne fit que passer, et sa mort prématurée laisse dans un deuil éternel un père, une mère inconsolables, décédée le 11 juin 1806.

4. Ici repose le corps de M. André-Louis-Guillaume le Sieur, ancien marchand.

5. Sans inscription.

6. Ci-gît Robert-Maurice Dargout, né à Saint-Domingue, mort à Paris le 19 juin 1806, âgé de 45 ans. Sa mémoire sera toujours chérie de ceux qui l'ont connu, et il sera éternellement regretté de ses parents.

7, 8, 9, 10. Vides.

11. J. Arnaud Raymond, architecte, membre de l'Institut impérial de France, né à Toulouse le 9 avril 1742, décédé à Paris le 28 janvier 1811, regretté de son épouse, de ses parents, de ses amis et de tous les artistes.

12. Ci-gît Pauline de Chigny Themissey, mariée

le 21 février 1805 à Ennemond de Menthon, décédée le 2 juillet 1806, à l'âge de 21 ans et 7 mois, et le dix-septième de son union avec l'homme malheureux qui ne cessera de la pleurer.

De la douleur ce monument

A notre souvenir rappelle

Des amis l'exemple touchant,

Des époux le parfait modèle.

Passant, par nos regrets, nos pleurs,

Juge s'il fut cher à nos cœurs.

13. A la mémoire de Jean-Louis-Constant Griffon, négociant, né à La Fère, département de l'Aisne, le 5 septembre 1771, décédé à Paris le 4 mars 1812.

14. Vide.

15. Ici repose Jean-Louis Gioquet, dit Boissière, ancien marchand tapissier; bon mari, bon père, bon ami, chéri de tous ceux qui l'ont connu; né à Lamballe, département du Nord, décédé à Paris le 11 mars 1812, âgé de 60 ans. *Requiescat in pace.*

16. Ici repose dame Marie-Jeanne-Henriette Lataste, épouse d'Antoine-Claude Lefébure, décédée le 12 août 1806, âgée de 33 ans. Elle eut le mérite qu'attire l'estime du monde. Profondément chrétienne, elle fut patiente et résignée au milieu de longues souffrances, modeste et croyante; elle demanda peu de faste et beaucoup de prières. Sa famille en larmes fit poser cette simple pierre. *Ave. De profundis.*

17. Ci-gît Louis Brice Bonvallet, ancien agent aux

Six-Corps et président de la Chambre des Huis-
siers à Paris, décédé le 27 février 1810, âgé de 56 ans.

18. Thomas Pichenot, né le 13 mars 1745, décédé le 3 mars 1810.

Dixième rang.

1. Vide.

2. *D. O. M. Hic jacet Stephanus-Guillelm-Bar-
tholom. Preau, vir probissimus, Parisiis notarius ho-
norarius, die quarto-decimo mensis maii MDCCCX,
defunctus amicis flebilis, patri sui ques flebilior.*

3. Ici repose, regretté de sa famille et de ses amis,
Nicolas-Charles Prevoteau, décédé le 20 mars 1807,
âgé de 47 ans. Il fut bon mari, bon père, et ami
sincère.

4, 5, 6 et 7. Vides.

8. Sépulture de la famille Gentilz. A la mémoire
de Jean-Henri Gentilz, architecte, né en 1756, décédé le 13 septembre 1789.

Geneviève Maillet, veuve Gentilz, femme Mar-
tinet, décédée le 1er juin 1806. Charles-Marie Gentilz, né le 27 janvier 1788, décédé sur mer le 16
septembre 1815.

9. Vide.

10. Ici repose Anne-Louise Lecœur, décédée le
2 juin 1806, à l'âge de 25 ans, moissonnée au printemps de sa vie. Elle laisse à son époux le souvenir
des vertus qui lui seront toujours chères, et d'éternels regrets de s'en voir séparé pour la vie.

11. Ici repose Charles-Hippolyte-Marie-Gilbert Vernoy de Saint-Georges, âgé de 3 ans et 4 mois, décédé le 24 juin 1809. *De profundis.*

12. Ici repose au pied de sa mère le corps d'Amélie-Pétronille Lesvêque-Dumoulin, épouse de M. Charles-Philippe Boussiron. Elle eut l'éclat et la durée d'une rose; elle mourut le 22 janvier 1809, âgée de 20 ans, chérie et regrettée de ses amies éplorées, de son époux.

3. Ici repose Philibert-Elisabeth Vullierod, né à Belley, département de l'Ain, négociant à Dijon, décédé à Paris le 6 juin 1806, âgé de 58 ans; son épouse en pleurs a posé cette tombe. *De profundis.*

14. Ici repose Geneviève Doudet, épouse de François Nicole, âgée de 71 ans, décédée le 8 juin 1806. Priez Dieu pour le repos de son âme.

15. Ci-gît Catherine, épouse de Louis Nicole Granger, décédée le 6 octobre 1809, à l'âge de 49 ans. Elle fut bonne épouse et bonne mère. Priez pour le repos de son âme.

16. Ici repose Marie-Mathieu Ley, fils aîné, né le 8 mars 1794, décédé le 23 février 1810. Par ses qualités et son cœur, il était l'espoir d'un bon père et d'une inconsolable mère.

17, 18 et 19. Vides.

20. Ici repose M. Joseph-Michel Adam.

21. Vide.

22. Ci-gît Marie-Madeleine Lauret, femme Loth,

décédée le 27 septembre 1806; mère respectable et chérie, regrettée de son mari, de ses enfants et de ses amis.

23. Ici repose Narcisse-Parfait-Léon des Buissons, né le 20 décembre 1812, décédé le 6 janvier 1813.

24. Thérèse-Rosalie Coulon, épouse de M. Edme-Charles Couvet, âgée de 30 ans; douée de toutes les vertus, mère tendre, épouse heureuse et chérie, elle est morte à 30 ans.

25. Sous cette pierre repose Marie-Anne-Louise-Augustine-Mélanie Baronet, femme Savie, âgée de 22 ans, décédée le 24 avril 1809.

Onzième rang.

1. Vide.

2. Ici repose Claude-Henri Colombier, né le 23 mars 1787, décédé le 22 août 1806, âgé de 19 ans et 5 mois. Priez Dieu pour lui.

3. Ici repose Catherine-Gertrude Best, femme d'Etienne Fleurot, âgée de 28 ans, décédée le 8 mars 1806. Hélas! si jeune encore, elle fut ravie à son époux désolé, et elle emporta les regrets de tous ceux qui l'avaient connue.

4. A la mémoire de dame Rose Marin, veuve de M. Pierre-Félix Lacoste, directeur de l'adminis-

tration de l'enregistrement, décédée à Paris le 11 février 1810, âgée de 56 ans.

5. Ici repose le corps de Gilbert Hauttefeuille, ancien négociant et ancien administrateur du Bureau de bienfaisance de l'arrondissement de Paris, et bourgeois, décédé le 9 février 1820, âgé de 72 ans et 8 mois.

6. Ici repose Christine-Marguerite Chrin, décédée le 8 mai 1806.

7. Ici repose dame Marie-Jeanne Cailleux, épouse de Gilbert Hauttefeuille, née à Paris le 13 mai 1756, décédée le 11 mai 1806. Elle fut bonne épouse, tendre mère, amie fidèle et sensible. O vous qui lirez ceci, priez Dieu pour le repos de son âme!

8. Ci-gît Pierre-Théodore Charon, âgé de 5 ans, décédé le 7 février 1810. Monument élevé par M. Jacques le Seigneur, son aïeul.

9. Ici repose Jean-César Leboucher, décédé le 9 février 1810, âgé de 53 ans. Mêlez vos larmes à celles de sa famille et de ses amis.

10. Ici repose Marie Thierry le Bel, veuve de Jean-Louis le Febvre de Lisle, ancien chevalier de l'ordre militaire de Saint-Louis. Elle est décédée le 10 mai 1806, dans les bras de son fils. Ce monument a été restauré le 10 mai 1825.

Après dix ans d'absence et dix-neuf ans de deuil,
Son Auguste est venu, plein de douleur amère,

Comme au jour de la mort pleurer sur ton cercueil
Et comme en son jeune âge, heureux près de sa mère,
Les vœux sont exaucés, et le ciel où tu vis,
En se fermant sur toi, s'est ouvert à ton fils.

Auguste de Lisle.

11. Vide.

12. Ici repose la dépouille mortelle de Marie-Rose Tisseuil, veuve Levêque Dumoulin, âgée de 38 ans. Son âme, une des plus précieuses étincelles émanées du séjour de la vertu, est retournée vers son céleste asile le 13 mai 1806. Elle fut aimée de tous ceux qui la connurent. Vous qui appréciez son bon cœur, unissez vos larmes à celles de sa famille inconsolable de sa perte, jetez des fleurs sur sa tombe; votre hommage fut bien mérité, plus tendre des filles. Ses proches, ses amis.

13. La piété filiale éleva cette pierre pour éterniser la mémoire et les vertus de Jenny-Hélène Gerbert, épouse de Henri Aubry, décédée le 10 mai 1806. Priez Dieu pour elle.

14. Ci-gît Jean-Baptiste Lebeau, qui fut cher à ses enfants, à ses parents et amis, et à tous ceux qui l'ont connu. Il était un excellent ami, aimant à rendre service, et doué d'une grande probité, vertueux et respectueux; il mourut âgé de 77 ans, et décédé le 13 mai 1806.

15. Ici repose Marie-Gertrude Bauwens, femme

de Jean-François Rouget, décédée le 2 septembre 1823, âgée de 83 ans.

16. Ici repose Françoise Thessier, épouse de Nicolas Demarets, membre de l'Institut, décédée le 21 mai 1806. Modèle des vertus de son sexe, elle vivra toujours dans le cœur de son fils infortuné.

17, 18. Vides.

19. Ici repose le corps de Anne-Louise-Hélène Hinsans, épouse de Charles Jourdan, née le 23 mars 1758 et décédée le 21 mai 1806. *Requiescat in pace.*

20. Ici repose Hélène-Antoinette Jourdan, épouse de M. Loys, décédée le 19 octobre 1807.

21, 22 et 23. Vides.

24. Ici repose François Pettola, décédé le 17 février 1810, âgé de 66 ans.

25. Vide.

26. Ici repose Mathieu Dufeaut, âgé de 71 ans, né à Saint-Puy, département du Gers, décédé rue d'Argenteuil, le 22 juillet 1806. Il a toujours été bon fils, bon mari, bon père, bon ami, et honnête homme toute sa vie. *De profundis.*

27. Dans ce tombeau la mort, en l'an 1806, le 25 septembre, précipita un vertueux citoyen, un bon époux, un tendre père, un excellent ami; elle enleva à l'âge de 49 ans Joseph Léonard, né à Feuillétin, au monde, à sa femme, aux arts, à sa fille et à son gendre ; mais viendra ce jour de gloire où le défunt, brisant miraculeusement sa tombe, s'é-

lancera célestement vers son Créateur, devant la majesté duquel seront réunis tous ses adorateurs dans l'heureux séjour de l'éternité.

28. Ici repose le corps de Jeanne-Charlotte de Basseux, âgée de 27 ans 6 mois, décédée le 27 septembre 1806.

29. Ci-gît Lebrun Prêtre, né à Orléans le 20 janvier 1750, mort le 5 octobre 1806.

Douzième rang.

1 et 2. Vides.

3. Ici repose en paix mademoiselle Rosalie-Eléonore Baud, fille chérie de ses père et mère et de tous ses parents, née le 6 avril 1812, décédée le 8 mai 1823. *De profundis.*

4. Ici repose Pierre Trebillon, entrepreneur de bâtiments, homme de grande probité, né le 11 novembre 1752 à Sauvigny-le-Bois, bailliage-d'Avalon, décédé à Paris le 13 avril 1807. Son épouse, sa fille et son gendre en conserveront toujours le souvenir. Priez Dieu pour son âme.

5 et 6. Vides.

7. Ici repose Victor Hurel, né à Chalifer le 20 mars 1803, décédé à Paris le 8 septembre 1823; laissant un père et une mère dans la douleur. *De profundis.*

8. Ici repose la meilleure des femmes et des

mères, née le 9 février 1773, mariée le 10 octobre 1791. Elle s'est endormie le 4 avril 1806.

9. Ici repose Etienne-Laurent Leroux, décédé le 23 janvier 1810. Priez Dieu pour moi. *De profundis.*

10 et 11. Vides.

12. Sans inscription.

13. Ici repose Jeanne le Bastier, veuve de Jean-François Beville, décédé le 26 novembre 1810. Elle fut l'amie des malheureux, et son cœur bienfaisant prévenait leurs besoins. Ses enfants faisaient leur bonheur de la posséder, sa perte leur causera des regrets éternels.

14. Ci-gît Pierre-Sanson de la Tour et Taxis, né à Paris le 21 novembre 1745, décédé le 1.ᵉʳ février 1812.

15.

> Cœurs sensibles et généreux,
> A la vertu rendez hommage,
> Sur ce tombeau jetez les yeux ;
> Ici repose son image.

Pierre Colombier, âgé de 44 ans, né à Norwicii, en Angleterre, enlevé en 3 jours à ses enfants et amis, le 9 août 1812.

16. Vide.

17. Ici reposent la douceur, l'amabilité, la sensibilité, la sagesse et la vertu. Anne-Jeanne Bitard, née le 21 août 1784, femme de Sébastien, Jean-

Jacques, bottier de l'empereur et roi Napoléon, décédée le 28 janvier 1812.

18, 19 et 20. Vides.

21. Ici repose le corps de Guy, né le 5 juin 1706, décédé le 29 août 1823. Regretté de sa femme, de son fils et de ses amis.

22. Sans inscription.

23. Ici repose le corps de Pierre-Etienne Pouzotte, décédé le 20 août 1823, âgé de 50 ans. Bon époux, tendre père, rare et fidèle ami. Il fut chéri de sa famille entière; sa mort a causé de vifs regrets. Priez pour lui.

24. Ci-gît Nicolas Théry Marand, fils de Louise Boussac Marand, décédé le 9 décembre 1806, âgé de 15 ans.

25. Ci-gît Jean-François de Lagrange, décédé le 22 avril 1806, âgé de 54 ans. Il fut bon époux, bon père, bon ami; son cœur fut toujours ouvert à l'humanité; il fut victime de sa grande sensibilité. Ames sensibles qui lisez ceci, versez une larme sur sa tombe.

26. Ici repose, à côté de sa fille, le corps de Jean-Baptiste Basseux, décédé le 4 avril 1807, âgé de 67 ans et 6 mois. Il emporte avec lui les regrets de toute sa famille.

27. Ici repose M. A. Huet, épouse de J. B. Hoart, décédée le 1er mai 1806.

28. Ici repose Pierre Maugras, mort le 2 mai

1806, âgé de 58 ans. La mort, en accablant une tête si chère, ravit à sa famille tout son bonheur.

29. M. E. Chappotin de Saint-Laurent, femme Delarbre; 13 juillet 1806.

30. *Hìc jacet Eud. Ces. Delimeux, Gravelinis natus an. Dom. 1777, inter amicorum fletus et brachia Parisiis decessus, anno ætatis trigesimo, die 23 novembris 1806.*

31. Ici repose Blaise-Dumont Dégoffe, décédé le 17 février 1810, né à Puilly, département des Ardennes, âgé de 75 ans. Il fut bon époux. *Requiescat in pace.*

32. Ici repose Anne-Marguerite Tarnesieu, veuve de Jean-François-Hugues d'Audiffret, ancien maréchal-de-camp et commandant pour le roi à Briançon, décédée le 30 septembre 1806, âgée de 80 ans.

Treizième rang.

1. Vide.

2. Ici repose le corps de Perine Rapin, veuve Leclerc de Vièvres, la plus tendre des mères et la meilleure des amies, décédée le 9 janvier 1810, âgée de 55 ans. Priez Dieu pour elle.

3. Ici repose le corps de Jean-Baptiste Demay, ancien entrepreneur de maçonnerie, décédé en sa maison, le 22 brumaire an XIV, âgé de 62 ans. Il fut bon époux et bon père, justement regretté de

ses parents et amis. Ses enfants lui ont fait ériger ce monument comme une faible marque de leur attachement. Priez pour lui.

4. Ici repose Gabrielle Roy, veuve de Nicolas-Jean de Villiers, ancien directeur de la navigation de la Basse-Seine, décédée le 14 septembre 1823, âgée de 80 ans et demi.

5, 6 et 7. Vides.

8. Ci-gît madame Geneviève Reboul, épouse de M. Hitier Derozières, artiste du Théâtre-Français, inhumée le 30 novembre 1805. Epitaphe :

> O siècles ! respectez l'hommage d'un époux
> A celle qui trente ans lui consacra sa vie,
> Et remplit les devoirs bien doux
> D'honnête épouse et tendre amie.
> Ici tout gît pour lui, tous ses regrets sont là,
> Environnant l'objet de sa mélancolie.

Requiescat in pace, amen.

9. Ci-gît Sébastien-Gabriel Hitier Derozières, ancien artiste au Théâtre-Français, décédé le 30 janvier 1807. Epitaphe par lui-même :

> J'arrive au terme de la vie ;
> Rien ne s'oppose plus aux vœux de notre amour,
> O ma compagne, mon amie !
> Je me lance avec toi vers l'immortel séjour,
> Et mon âme à la tienne est enfin réunie.

Ille et uxor, requiescant in pace, amen.

10. Ici repose le corps d'Angélique-Victoire-Antoinette Roussey, décédé le 28 janvier 1812, âgée de 16 ans. Enfant chérie de son père et de sa belle-mère, ainsi que de ses frères, sœurs et beaux-frères, elle laisse des regrets dans les cœurs de toute sa famille. Priez Dieu pour le repos de son âme.

11. Sans inscription.

12. Ci-gît Charles-Alexandre Dhuez, décédé le 27 janvier 1812, dans la soixante-douzième année de son âge. Il fut bon père, bon ami et bon époux; il emporte avec lui l'estime et les regrets de tous ceux qui l'ont connu. *De profundis.*

13. Ici repose Marie-Jeanne Dufour, décédée le 12 janvier 1810, âgée de 50 ans, veuve de Jean-Baptiste Delaplanche, professeur au collége de pharmacie. Ce monument a été érigé par la piété filiale.

14. Ici repose la meilleure des mères, la plus regrettée, Marie-Anne-Madeleine Marin, veuve de Pierre Lacathon de Laforest, docteur en médecine de la faculté de Paris, décédée le 1er nivôse an XIV, ou le 22 décembre 1805.

15. *In te, Domine, speravi.* Ici repose Victor de la Rivière de Coincy, né à Toulon le 27 octobre 1772, mort à Paris le 18 avril 1813. Modèle de piété filiale et de tendresse fraternelle, il s'honora par des sentiments chrétiens, nobles et généreux jus-

qu'au terme de sa carrière, trop tôt finie. Il laisse à sa sœur un souvenir chéri et de longs regrets.

16. Ci-gît François Remond, décédé le 14 avril 1812, âgé de 65 ans. Artiste distingué, il concourut à l'érection de la colonne, place Vendôme, et se montra digne, par le fini et la délicatesse de la ciselure des bronzes, d'attacher son nom à ce beau monument national. Bon époux, excellent père, il laisse une femme et une fille inconsolables de sa perte, et des amis qui chériront à jamais sa mémoire. Passants, jetez quelques larmes sur sa tombe.

17 et 18. Vides.

19. Marie-Thérèse de Negroni, de Gênes, épouse de Charles-Jacques Chapelain de Serville, décédée en avril 1806.

Marie-Thérèse-Antoinette de Grenay, fille de Poil-Villain de Grenay et de Marie-Thérèse-Elisabeth Chapelain de Serville, décédée en avril 1809.

20. Ici repose dame Marie Sainte-Hervel, épouse de Martin Lafitte, décédée le 28 décembre 1805. Priez Dieu pour son âme.

21. Passants, respectez mon malheur. Ici repose une mère chérie de sa fille unique qu'elle chérissait également, Elisabeth Coupéreau, veuve de Gambier, décédée le 24 janvier 1812, âgée de 58 ans. Elle possédait toutes les vertus; bonne épouse, tendre mère et sincère amie, elle laisse des regrets

dans le cœur de tous ceux qui l'ont connue. Priez Dieu pour le repos de son âme.

22. Vide.

23. Ici reposent les restes précieux de Scolastique Poitevin, née à Saumur le 27 juin 1757, épouse de Jean Andruette, négociant à Paris, décédée le 2 janvier 1806, à huit heures et demie du matin, en sa maison, Cour-des-Miracles, n. 6, paroisse de Notre-Dame-de-Bonne-Nouvelle. Ayant vécu 9 lustres et demi, douée de vertus et de moralité, adorée pendant 19 ans d'un époux, chérie de sa famille dont elle fut le soutien, elle aura en tous temps des droits à notre reconnaissance. Ames sensibles qui lirez cette inscription, priez Dieu pour le repos de son âme.

24. Ici repose Nicolas Lombard, né à Paris, décédé le 19 août 1817, âgé de 24 ans. Seul espoir d'un père et d'une mère qu'il chérissait autant qu'il en était tendrement aimé, la mort, en le frappant, leur a ravi le bonheur et les plonge pour la vie dans une profonde douleur. Repose en paix.

25. Ici repose Aphrodise Carles, décédé le 20 janvier 1810, dans la septième année de son âge. Ces mêmes lieux rassemblent les restes d'un père et d'une mère chéris ; leurs enfants trouvèrent des termes pour leur peindre leur tendresse, ils n'en ont point pour exprimer leur douleur et leurs re-

grets que partagent leurs parents, alliés et amis.

Nos cœurs reconnaissants des tendres soins de mère,
Pour se peindre à ses yeux trouvèrent des accents :
Il n'en est pas, hélas! pour la douleur amère,
Et la douleur n'a point de sujets plus puissants.

26. A la mémoire d'Antoinette Santionet, décédée le 13 janvier 1806, âgée de 17 ans.

La naissance d'un fils lui fit perdre la vie;
Ses grâces, ses talents embellirent ses jours;
Terpsichore, en perdant sa compagne chérie,
Sur sa tombe, en pleurant, a conduit les amours.
Plaignez son sort, plaignez sa mère inconsolable,
C'est elle qui dressa ce triste monument,
D'amour et de regrets gage trop véritable,
Qu'arroseront ses pleurs jusqu'au dernier moment.

27. Ici repose Marie-Antoinette Lunel, née à Pierrefitte, décédée le 12 janvier 1812, âgée de 27 ans, épouse d'Antoine-Marie Xavier.

28. Ici repose dame Antoinette-Elisabeth Collet de Beauvais, épouse de François-Louis-Pierre de Sevin, née à Alençon le 2 janvier 1767, décédée à Paris le 13 janvier 1816. A la mémoire de la sœur la plus chérie et de la plus tendre mère.

29. Ci-gît Marie-Charlotte Olivier des Closeaux, épouse de Jean-Etienne Genet, décédée à Paris le 19 janvier 1806.

30. Vide.

31. A l'amitié filiale, à un père bien-aimé. Ici repose Guilloreaux, dit Lépine, décédé le 13 janvier 1812. Priez Dieu pour le repos de son âme.

32. Ci-gît Constantin Feuttrer, né le 29 août 1776, à Rochaque, principauté de Saint-Gall, en Suisse, mort à Paris le 9 juin 1811. Au plus regretté et au meilleur des maris et des pères.

33. Ci-gît Joseph Blum, né le 13 mars 1745, docteur en médecine et premier chirurgien du régiment des gardes suisses du roi de France, commissaire supérieur et membre du conseil de guerre, de la principauté de Saint-Gall, capitaine général de l'Etat, envoyé en Suisse en 1778 près le gouvernement français par les louables Etats assemblés à Schwitz, député à la consulte helvétique, décédé le 6 février 1810. Au plus regretté des pères. *De profundis.*

34. Ici repose Jean-Baptiste Jacquy, natif de Strasbourg, âgé de 49 ans, décédé le 11 janvier 1806, époux de Françoise Steeg, département du Bas-Rhin. *Requiescat in pace.*

35. Madame Flament, décédée le 3 février 1810, et M. R. F., décédée le 8 décembre 1816.

36. Ici repose Marie Hétard, veuve de Pierre-Alexis Corneille, âgée de 73 ans 15 jours, décédée le 3 août 1806. Femme laborieuse, sensible et serviable ; bonne, tendre et fidèle épouse, elle fut éga-

ment chérie et respectée de tous ceux qui la connurent; elle emporte au tombeau l'estime générale, les regrets et l'amour de ses enfants.

57. Ci-gît Fructidor Meunier, né le 11 fructidor 1794, décédé le 5 février 1810, rue du Rochechouart, n. 35. Chéri de ses parents, il fut bon, sensible, indulgent.

L'amitié pleure encore un cœur aussi fidèle,
Et la vertu regrette un si parfait modèle.

De profundis.

58. Ici repose Agathe de Lacroix, née le 28 décembre 1820, décédée le 25 avril 1822.

39. Vide.

40. Ici repose le corps de Victoire-Marc Poulain, veuve de Jean-Pierre Legard, le 5 août 1806, âgée de 71 ans et 10 mois. La piété filiale a érigé ce monument à la tendresse maternelle. *Requiescat in pace.*

41. Ici repose Elisabeth-Jeanne-Gabrielle-Pétronille Lorbehaye de Montataire, épouse de M. Nicolas-Marie-François Cloiseau, avoué.

42. Ci-gît Marie-Aimée-Pélagie Morel, épouse de Pierre Guillot, décédée le 25 novembre 1822. Veille sur nous du haut des cieux, épouse et mère au-dessus de tout éloge. *Requiescat in pace.*

43. Ici repose Sumone-Florence de Welden, fille de Xavier et d'Henriette Robert Roberseau, née à

Mons, département de Jemmapes, le 21 septembre 1801, morte à Paris le 6 février 1812.

Quatorzième rang.

1. Ci-gît Louis-Vincent-Florence Fleury, vicaire de Saint-Eustache, décédé le 22 mai 1807, âgé de 67 ans.

> Observant la loi qu'il prêchait,
> Des siens il était le modèle ;
> Après une bonne œuvre une autre il recherchait.
> Des jours si pleins et tant de zèle
> L'avaient mûri pour la gloire éternelle.

2. Ici gît, réunie à son frère et à sa sœur, Marie-Adélaïde Fleury, le 10 mars 1822, agée de 70 ans. *Requiescat in pace.*

Ci-gît Anne-Geneviève Fleury, décédée le 3 mai 1805, âgée de 49 ans, veuve de J.-E. Véron, maître ès-arts de l'Université de Paris.

> Croissez, ô lugubres cyprès,
> Nos pleurs entretiendront votre sombre verdure.
> Qui pourrait mettre un terme à nos justes regrets ?
> Ils sont le cri de la nature.

3 et 4. Vides.

5. Jean-Nicolas Grilliet, né le 27 mai 1730, décédé le 12 floréal an XIII, à midi, rue du Faubourg-du-Roule, n. 114.

6. Ici repose le corps de Honorine-Julie Gez, dame Doyen. Elle eut toutes les vertus de son sexe, fut bonne épouse, excellente amie et laisse des regrets éternels à tous ceux qui l'ont connue.

7. Vide.

8. Ici repose Armeline-Jeanne-Ursule Billion, décédée le 26 décembre 1805.

9. Ici repose Georges-Henri-Victor Collot, général de brigade et ancien gouverneur de la Guadeloupe, décédé le 13 mai 1805.

10. Ici repose le corps de dame Geneviève Berges, épouse de Pierre-Edme Maudiné, décédée le 26 floréal (1805.) Elle fut bonne fille, bonne épouse, tendre mère et bonne amie. Ce simple monument lui a été élevé par son mari, ses enfants, le mari de sa fille aînée et sa petite-fille, comme gage de leur tendresse et de leurs regrets. Elle vivra toujours dans leur mémoire. *Requiescat in pace.*

11. Ici repose Pierre-Anne Furcy Pionicz, ébéniste, décédé le 22 mai 1805, dans sa quarante-cinquième année. Les qualités de son cœur, ses talents, son bon goût pour les arts lui ont mérité l'attachement, l'estime et les regrets de sa famille et de ses amis.

12. Ici repose Antoinette-Jacqueline-Nicolle Moinat, épouse chérie de Louis-Victor Masson, née à Paris le 17 janvier 1782, décédée le 19 janvier 1810.

13. Ici repose Catherine Ternois, veuve de Michel Lemoine, décédée le 9 janvier 1812, âgée de 24 ans. Elle fut bonne fille, bonne épouse et tendre mère. *De profundis.*

14. Ci-gît, regrettée de toute sa famille, demoiselle Hedwige-Françoise Delaval, épouse de M. Marcel-Jean-Baptiste de Mery d'Arcy, née le 16 juin 1771, décédée le 12 juin 1805.

15. Ici repose le corps de dame Jeanne-Geneviève Romain, veuve de M. Bernard d'Orléans, née à Paris le 4 décembre 1756, décédée le 4 juin 1805. Enfants qui avez perdu votre mère, pleurez avec les siens, et priez pour la vôtre et pour elle.

16. Ci-gît Alexandre-Jean Ducastel, né le 28 février 1782, mort le 21 prairial an XIII (10 juin 1805). Egalement regretté de son épouse, de ses enfants et de ses amis.

17. Ici reposent Albert-Marie Julien, décédé le 1ᵉʳ février 1809, âgé de 17 ans. Il n'a pu résister au chagrin de voir sa mère attaquée d'une maladie incurable; et Marie-Marguerite Chaulot, épouse de Pierre-Etienne Julien, décédée le 5 février 1807, âgée de 58 ans. A la meilleure des épouses et des mères.

A l'insu l'un de l'autre ils quittèrent la vie;
Pour sa mère, son fils descendit au tombeau;
Et pour récompenser un exemple aussi beau,

A son fils bien-aimé le ciel l'a réunie.
La mort même, craignant de séparer leur cendre,
Presque d'un même coup les frappa tous les deux,
Dans la tombe emportant leurs vertus et nos vœux,
Ils ne nous ont laissé que des pleurs à répandre.

De profundis.

18. Vide.

19. Ici repose Antoine Nebly , dit Cesar, propriétaire, décédé le 23 décembre 1809. Priez Dieu pour le repos de son âme.

20. Ici repose Ange-Mathieu Mestrallet, né le 20 novembre 1792, décédé le 22 septembre 1806. Bon fils, bien-aimé.

21. Ici repose le corps de demoiselle Elisabeth-Aimée Lallemant, veuve de Denis Aubert, décédée le 7 messidor an XIII, dans la quatre-vingt-cinquième année de son âge, ayant passé sa vie à aimer et chérir son mari et ses enfants.

22. *Here liesthe Body of Sarah Maria Potter and Sarah hisi wise, descased at Paris June the ninetecnth 1805.*

23. Elisabeth-Rosalie de Sinely, veuve de Jean-Baptiste la Rivière de Coincy , lieutenant général des armées, commandeur de l'ordre royal et militaire de Saint-Louis, née en juillet 1744, et décédée à Paris le 26 décembre 1809. Respect et souvenir à la plus tendre mère.

24. Ici repose en paix le corps de Louis-Joseph

étudiant en droit, fils aîné de Louis-Charles-Fidèle Pacoux et de Marie-Anne-Joseph Caron, sa mère. né à Paris le 1ᵉʳ février 1782, décédé le 5 thermidor an XIII (24 juillet 1805). O vous qui savez ce que c'est qu'un fils cher à sa famille, pleurez-le avec nous; il fut cher à tous les cœurs, et emporta avec lui les regrets et l'estime de toutes les âmes sensibles.

25. Ci-gît Romain-Joseph Bouchez, célèbre négociant, décédé le 15 juillet 1805, âgé de 54 ans. Regretté universellement de tous ceux qui l'ont particulièrement connu. Doué des plus rares qualités. il fut toujours le bienfaiteur des infortunés, comme aussi il était bon père, bon mari et bon ami.

26. Ci-gît Alexandre-Michel-Gustave Lambert, âgé d'un an et huit mois, décédé le 2 décembre 1805. Ci-gît Alexandre-Marie-Joachim Lambert, âgé de 2 mois, décédé le 9 mai 1808. Dans ce tombeau sont réunis deux enfants chéris; ils laissent leurs parents dans les regrets et la plus vive douleur.

27. Ici repose dame Marie-Jacqueline Calais, veuve Lebel.

28. Ici repose Anne Petit, épouse de Jean-Edme Simonnin, née à Coupray, département de la Haute-Marne, le 22 mai 1753, décédée à Paris dans sa maison, rue de l'Echiquier, le 22 juillet 1805.

29. *Hic jacet Eloysus Coutan, negociator, propè*

uxorem sepulchro conditus anno XIII, mense nivosis primâ die, anno christiano 1805, mensis decembris 22.

30. Un père et une mère éplorés à leur fils, Antoine-Adolphe, décédé le 13 janvier 1806. La mort l'arracha de leurs bras, lorsqu'il avait à peine terminé sa troisième année. Déjà il avait assez vécu pour justifier leur espoir, et exciter des regrets éternels.

31. Sans inscription.

32, 33. Vides.

34. Sans inscription.

35. Passant, si tu portes un cœur sensible, pleure sur cette tombe; celui qu'elle renferme fut des frères et des amis le modèle. Charles Maupertuis repose, né le 25 avril 1772; il fut déposé le 18 janvier 1806.

36. Ici repose le corps de Guillaume-Henri Villard, décédé le 18 avril 1806, âgé de 18 ans et 3 mois. Ici repose le corps de Marie Bazinet, veuve d'Antoine Villard, décédée le 30 octobre 1809, âgée de 55 ans. Exemple de vertus et d'amour maternel; soumise à Dieu, elle est morte en pleurant son fils. Egalement soumises à Dieu, ses filles mourront en pleurant leur mère.

> Jeunesse, esprit, vertus
> Passent sous cette pierre;

Jeunesse, esprit, vertus
Ne sont plus que poussière.
Passant, si le destin d'un fils vous a fait père ;
Vous verserez des pleurs en pensant à sa mère.

37. Ci-gît Pierre Manière, boulanger, décédé à Paris le 5 février 1806. Jamais on ne fut meilleur père, meilleur époux, plus honnête homme. Croyez-en la douleur de sa veuve, les pleurs de ses enfants, les regrets de ses amis.

38. Sans inscription.

39. Vide.

40. Ici repose Marie-Françoise Remion, épouse de M. Barois, née le 9 novembre 1745, décédée le 1er février 1806.

41 et 42. Vides.

43. Ici repose en paix Marguerite Bardoul, née à Angers, mariée à J. B. E. P. de Nanteuil, de Paris, décédée dans sa cinquante-cinquième année. Elevé à la mémoire de la meilleure des épouses, comme la plus tendre des mères, en témoignage d'amour et de respect de son mari et de ses enfants.

44, 45, 46, 47, 48 et 49. Vides.

50. Mon épouse, mon amie, mon conseil, exemple des vertus, modèle de la tendresse, Clorine chérie, moitié de Léopold, enlevée si jeune encore à mon bonheur, à celui de nos enfants, repose en paix à l'abri des douleurs! Dieu de bonté qui nous avez unis, Dieu tout-puissant qui nous a séparés, ne

brise pas les liens de nos âmes, laisse la sienne à la mienne attachée pour nous aimer, pour te bénir pendant l'éternité. A Anne-Charlotte Billecard Devall, née le 17 septembre 1784, décédée le 2 janvier 1810; Louis-Léopold Buquet, général de gendarmerie.

51. Ici repose le corps de Geneviève de Lahaye, veuve de Nicolas Lahaye, décédée le 28 février 1805, âgée de 66 ans. Ses enfants lui ont fait élever cette épitaphe, n'étant qu'une faible reconnaissance de ce qu'ils lui doivent. *De profundis.*

52. Ci-gît Joseph Communal, décédé le 3 mars 1806, âgé de 15 ans, né à Lathuile, département du Montblanc. Regrets de son épouse et de ses enfants.

53. Vide.

54. Ici repose Thérèse Frémancourt, veuve de Pierre-François Michaut, née le 24 juin 1733, décédée le 5 mars 1806. A une bonne mère ses enfants reconnaissants.

55. Vide.

56. Sans inscription.

57, 58, 59, 60. Vides.

61. Oui, l'on peut jouir des affections même renfermées dans la tombe, la mort ne saurait les détruire. Elle ne fait que les épurer, on en jouit avec une profonde mélancolie, mais il serait plus triste encore d'y renoncer. O mon Alexandre! tu

n'es plus, mais tu vis toujours dans mon cœur. Je ne puis offrir à ta mémoire que ma douleur. Ah! du moins, les pleurs que je répands sur ta cendre couleront jusqu'à mon dernier soupir.

62, 63. Vides.

64. Ici repose Robert Offroy, âgé de 44 ans, décédé le 7 septembre 1806. Sincèrement regretté de son épouse et de ses enfants, et généralement de ses amis. Priez Dieu pour le repos de son âme.

65. Ici repose Madeleine-Emélie Godard Saint-Hilaire, décédé le 5 juillet 1831, à l'âge de 81 ans. A sa tante bien-aimée, sa nièce bien-aimée.

Quinzième rang.

1, 2, 3. Vides.

4. Ci-gît Charles-Gustave-Janti de Neumanne, né le 21 février 1815, mort âgé de 17 jours, le 9 mars 1815. Nos regrets seront éternels.

5. Vide.

6. *Sophia Armfield born october 5 th. 1718, at London died august 28 th. 1810, at Paris, she was a utiful daughter, good jister and sincere fried.*

7. Louis Hubert, âgé de 70 ans, décédé le 2 mai 1805. *De profundis.*

8. Ici repose Victoire-Thérèse Masse, veuve de Pierre, décédée le 14 floréal an XIII (4 mai 1805), dans la cinquantième année de son âge. Les regrets

et l'amitié filiale lui ont élevé ce monument à sa mémoire; elle vit dans la paix du Seigneur et dans le cœur de ses parents.

9. Ci-gît François-Etienne Marie, né le 29 octobre 1757, décédé le 5 mai 1805. Il fut bon fils, tendre époux, ami sincère; enlevé à la vie au milieu de sa carrière, sa mort laisse des regrets à ses parents et amis. *De profundis.*

10. Vide.

11. Jeanne-Louise Sauvage, femme de Théodore Sensier, victime de l'attachement conjugal. Théodore Sensier est mort 10 jours après son épouse, le 11 juillet 1805, âgé de 67 ans.

12. Ci-gît Marie-Catherine Lutze, veuve Gesswein, née à Harrheim, grand duché-de Bade, le 29 juillet 1755, décédée à Paris le 50 décembre 1811. Dors en paix, tu as bien rempli ta carrière.

13. Ici repose Marie-Jeanne Royenval, épou de Louis-Paul. (Le reste est effacé.)

14. Ici reposent Louis Delavale, ancien trésorier de France, décédé à Paris le 18 juillet 1811, et Madelaine Françoise-Nicolle-Marie de Graimeir, son épouse, décédée le 26 octobre 1823.

15 et 16. Vides.

17. Jacques-Edmond Lawrence, mort le 9 novembre 1805, âgé de 9 ans et demi. Dieu, son Créateur, l'a rappelé dans son sein. Il y prie pour sa mère.

18. Ci-gît Pierre Layerie, dit Dairle, ancien chirurgien, décédé le 29 décembre 1811, âgé de 94 ans.

19. Ci-gît Robert Chautard, capitaine au régiment de grenadiers à pied de la garde de Sa Majesté l'empereur et roi, membre de la Légion-d'Honneur, né le 27 mars 1769, à Saint-Floret, département du Puy-de-Dôme, décédé à Paris le 22 floréal an XIII.

20. Vide.

21. Ici repose le corps de M. Claude Leottier, concierge de la Halle au blé, décédé le 5 messidor an XIII. *De profundis.*

22. Ici repose Jean-Baptiste Geoffroy, né à Saint-Jean de Bonneval le 12 septembre 1757, diocèse de Troyes, et décédé à Paris le 20 avril 1810. Bon époux, bon père, regretté de sa famille et de ses amis.

23, 24, 25, 26 et 27. Vides.

28. D. O. M. Ci-gît Marie-Agnès Constant, veuve de Louis-Germain Croissant. Elle fut pour ses frères le centre d'une union dont les liens n'ont pu être brisés par la mort. Pour perpétuer un souvenir qui ne s'éteindra qu'avec eux, ils ont érigé ce monument de leur tendresse et de leur amitié.

29. *Amicæ dulci, conjugi matri irreparabili, conjux filiusque ad animi grati solatium.*

30. Ici repose le corps de dame Marie-Catherine-

Françoise Hue, veuve de M. Gabriel-Jacques de Bonnenfant, née à Caen, en Normandie, morte à Paris le mardi 30 juillet 1805, âgée de 42 ans 4 mois et 5 jours. Ce simple monument, qui lui fut érigé par M. Achard Aumesnil Angrain, son cousin, son ami, est l'hommage du respect, de la reconnaissance et de la plus tendre amitié.

51. Ici repose en paix la dépouille mortelle de Pierre-François-Xavier Lievain, ancien administrateur des postes, né à Paris en 1756, et décédé à Paris le 2 janvier 1812, âgé de 56 ans.

52. Ci-gît Auguste-François Clavapeau, artiste, né le 21 décembre 1751, et décédé le 27 brumaire an XIII (18 novembre 1805). *Requiescat in pace.*

53. Ci-gît Pierre-Augustin Clavareau, né le 1er décembre 1805. *Requiescat in pace.*

54. Ici repose Marie-Jeanne Froochot, veuve de Guillaume-Antoine Etienne, née à Chamouilly, département de la Haute-Marne, décédée à Paris le 20 janvier 1812, âgée de 54 ans. Ses enfants, sa famille, ses amis la regretteront toujours.

55. Ci-gît Hélène-Joséphine-Emilie Noguès, fille de Jean-François-Xavier Noguès, général de division, etc., etc., et de Sophie-Emilie Soliert, née à Paris le treizième jour complémentaire an X (20 septembre 1802), décédée le 21 janvier 1805.

56. Vide.

57. Sans inscription.

38. Ci-gît le meilleur des pères, des époux et des amis. Jacques-Firmin Prévots, né à Granvilliers, département de l'Oise, décédé le 25 janvier 1806, âgé de 56 ans. Réunie à son époux, Marie-Anne-Charlotte Pinchart, veuve Prévots, décédée le 19 avril 1812, âgée de 62 ans.

39, 40, 41 et 42. Vides.

43. Ici repose le corps de mademoiselle Elisabeth-Louise Claude, âgée de 54 ans, épouse de M. Louis-Claude Moulu, décédée à Paris le 1er janvier 1812. Regrettée de ses parents et amis, pleurée d'un époux qu'elle a chéri jusqu'à son dernier jour. *De profundis*.

44. Famille Legouvé.

45. Rose-Adélaïde-Elisabeth-Flore Sue, épouse du docteur Guiard, décédée le 3 avril 1833, dans sa trente-cinquième année. Famille Guiard.

46. Ici reposent Jean-Charles Moreau, artiste de l'Opéra-Comique, décédé le 19 mars 1822, âgé de 49 ans. Ci-gît un vrai comédien, artiste aimable, homme de bien, fidèle époux, ami sincère, entouré des heureux qu'il sut faire chez lui. Personne ne connut la douleur que lorsqu'il mourut.

Félicie Crestu, née le 24 juin 1812, morte le 29 mars 1815.

> Elle eût été l'appui de ma vieillesse,
> Elle en eût prolongé le cours,
> Faut-il, hélas! que je pleure sans cesse
> L'espérance de mes vieux jours?

Ici repose Hubert-Charles Moreau, âgé de 9 ans 2 mois et 18 jours.

> Tendre objet de regrets et d'amour et de pleurs,
> Frêle et charmant arbuste abattu par l'orage,
> Déjà paré de fruits et couronné de fleurs,
> Il a perdu la vie en devançant son âge.
> Aux grâces de l'enfance il joignait la raison.
> Ses naissantes vertus brillaient dès son aurore,
> Et soudain il tomba comme le frais bouton
> Qui pour embaumer l'air s'est trop pressé d'éclore.
> Tout son être n'est point sous ce marbre enfermé :
> Le trépas vainement frappe un fils bien-aimé,
> Et pour toujours il vit aux cieux et sur la terre,
> Dans le sein de son Dieu, dans le cœur de sa mère.

47. Ici repose Mathias Krutmeyer, Suédois. Un corps faible renfermait un esprit juste.

48. Vide.

49. Ici repose dame Marie-Louise-Charlotte Langlais de Brouchy, épouse de M. Eloy Joseph Dartois de Bournonville, ancien officier de cavalerie, décédée le 21 février 1806. Elle fut bonne épouse et bonne mère. Priez pour elle.

50. Ci-gît Ponce-Ignace-Jean-Louis de Jean Du-Perriese, instructeur général des équipages d'artillerie, décédé le 4 mars 1806.

51.
> Repose en paix dans cette sépulture,
> Firmin, malgré la mort, insensible à nos pleurs,

Tes bienfaits, tes vertus, ton âme douce et pure
Te font revivre à jamais dans nos cœurs.
Firmin faisait tout mon bonheur ;
Elle avait toute ma tendresse ;
Chaque jour avec elle augmentait mon ivresse,
Sans elle chaque jour augmente ma douleur.

52. *D. O. M. Adolphus Lullin, Genevensis, acerrimo pingendi studio consumptus obiit.*

53, 54, 55 et 56. Vides.

57. Ici repose Marie-Antoinette-Félicité Leclerc, veuve de Joseph-François Buttard, décédée le 12 mars 1806, âgée de 54 ans. A la meilleure des tantes, son neveu Jules-François Buttard, reconnaissant, a fait ériger cette pierre. *De profundis.*

58. Ici repose Claire-Michelle-Fieffe Lievreville, née le 11 septembre 1798, décédée le 6 juin 1807. Elle laisse des regrets à ses parents.

59. Ici repose Réné Gadbois, décédé le 12 mars 1806, âgé de 50 ans.

60. Dernier hommage à Claudine-Catherine-Marie Roland, dame de Bertinval, décédée le 14 juin 1807. Par son époux et ses enfants.

61. Ici repose le corps de dame veuve Garot, décédée veuve de M. Charles-François Salmon, le 18 mai 1807. Priez Dieu pour elle.

62. Vide.

63. Ci-gît Geneviève Herbin, épouse de M. Hapde.

64. Ci-gît Marie-Aimée Le Gras, âgée de 13 ans et 9 mois, décédée le 19 avril 1807.

> Aimable et douce enfant, à notre amour ravie,
> Nos cœurs, nos souvenirs te rendent à la vie.

De profundis.

65. Sans inscription.

66. Ci-gît L. M. Claude, né à Sainte-Ménéhould le 25 mars 1806.

67. Ici repose Aimée-Jose-Zoé de Bazin, vicomtesse de Beaurepaire, morte en couches le 29 mai 1820, et son fils, mort le même jour. (*Spes unica.*)

68. Ci-gît Jean-Simon-Prudent Druet, né à Conflandey, Franche-Comté, le 12 septembre 1756, mort à Paris le 13 avril 1806. Sévère pour lui-même, indulgent pour les autres, bon fils, bon père, époux fidèle, modeste, affectueux, ami sincère, il fut tendrement chéri des siens et regretté de tous ceux qui l'ont connu.

Premier rang au bout, contre le mur mitoyen de la pièce du jardin.

1. Ange de bonté et vertu, objet éternel de douleur et de regrets. Ici repose la plus tendre et la plus chérie des épouses, enlevée à 16 ans à l'époux inconsolable dont elle était l'idole, après moins de

99

6 mois d'union, et d'un bonheur dont le souvenir est encore pour lui le seul lien et tout le charme de la vie. Avec elle et dans son sein repose aussi un fruit infortuné de leur amour, triste objet de vœux si doux et de tant d'espérances ensevelies dans cette tombe, dernier rendez-vous et dernier asile de l'amour et de la douleur.

2. Ici repose Marie-Joséphine Claire, épouse de Dominique-Guillaume Bierfuhrer, née à Paris le 17 février 1780, et décédée le 22 mars 1806. Vertueuse et tendre épouse, bonne mère et sincère amie, elle fut aussi le modèle de la piété filiale. Sa perte rend inconsolables son époux et son père; elle emporte les regrets de tous ceux qui l'ont connue.

3. L. A. Davault de Chateauvillard, née en 1738, morte en 1833, et Adolphe Salvator de Launay, né à Paris le 9 mars 1784, décédé le 14 mai 1836.

4. Ici repose Alphonse-Hippolyte Leflamand, né le 16 ventôse an XI, mort le 8 nivôse an XIII. Des goûts purs et simples, des inclinations douces, les plus heureuses dispositions rendaient cet enfant bien cher à ses tendres parents; sa mort les rend inconsolables. Amis sensibles, partagez leur douleur.

Deuxième rang.

1. Sépulture Muraire. Ici repose, auprès d'une fille chérie, objet de ses longs et tendres regrets,

Louise-Élisabeth-Michel Dubourg et comtesse Muraire, morte le 21 décembre 1823. Son époux, son fils, sa fille, son gendre déposent sur sa tombe l'hommage de leur amour et de leur douleur. Honneur à sa mémoire et doux repos.

Troisième rang.

1. Ici repose le corps de dame Anna Blareslay May, épouse de M. E. May, née à Londres, morte subitement à 41 ans, le 5 juillet 1807. Adieu, chère Anna, tu occuperas toujours la première place dans la mémoire de ton tendre et malheureux époux: tes vertus et ta bonté, qui faisaient le bonheur de sa vie, seront pour toujours l'objet de ses regrets.

2. E. May, citoyen des États-Unis, décédé à Paris le 27 février 1829.

A gauche de l'allée qui conduit à la pièce du jardin.

1. Françoise-Zélia Trigant de la Tour, née à Paris le 27 mai 1812, décédée le 6 octobre 1821. *De profundis.*

2. Ici repose Joséphine Locheron, décédée le 17 mai 1820, à l'âge de 17 ans.

> Autant son âme aimante a su toucher nos cœurs,
> Autant dans l'avenir nous verserons des pleurs.

Sépulture Locheron aîné.

3. F. H., 19 novembre 1825, et L. H., 22 avril 1832.

4. A. P. R.

5. Paul Edgar, bon fils, né le 21 novembre 1799, décédé le 31 octobre 1826.

6. Ici repose Maxence-Scolastique Sallentin, née en 1758, à Pont-Sainte-Maxence (Oise), épouse de Pierre-Blaise Morel, propriétaire, décédée le 6 avril 1825, âgée de 67 ans, après 53 ans d'une heureuse union. Ses qualités et ses vertus excitent les justes regrets de son mari, de ses parents et de ses amis. La mort l'enleva à son mari ; la mort réunira ici un jour leurs cendres.

Ici repose Pierre-Blaise Morel, né le 2 février 1761 à Routot (Eure), décédé à Paris le 2 novembre 1835. Ses qualités et ses vertus excitent les justes regrets de ses parents et de ses amis. Il fut bon parent et bon ami. Priez Dieu pour lui.

7. O vous dont le cœur sensible conduit ici les pas, priez Dieu pour la mère la plus tendre et la plus chérie. Ci-gît Marie-Antoinette Jacotot, décédée le ... octobre 1825, à l'âge de 52 ans. Elle fut la meilleure des filles et des mères ; elle laisse une fille qui la pleurera jusqu'à ce qu'auprès d'elle elle vienne reposer.

8. M. R. Y. A. D., De la Trinidad, morte le 29 octobre 1824, âgée de 25 ans.

9. Famille Chéronnet et famille Leroy. Ici reposent Agathe-Louise-Suzanne Jacquin, femme de Pierre-Nicolas Chéronnet, décédée à Paris le 7

avril 1823. Edouard Leroy, né à Paris le 24 mars 1814, décédé à Londres le 19 septembre 1833.

10. Ci-gît Madeleine-Christine Jannon, veuve de M. de Bazouges, lieutenant-colonel de cavalerie, chevalier de Saint-Louis, décédée le 8 mai 1826, à l'âge de 64 ans. Erigé par ses enfants à la mémoire de la meilleure des mères.

11 et 12. Vides.

13. Ici reposent les dépouilles mortelles de François-Ignace Capelaere; Charlotte-Flore Wright, épouse Capelaere; Sophie-Françoise-Charlotte, fille Capelaere; Rosalie-Pauline, fille Capelaere.

14. E. Charlotte Picot, née le 6 octobre 1828, morte le 13 décembre 1835.

15. 18 avril 1837. Alexandre Cheronnet, veuve Ducamp.

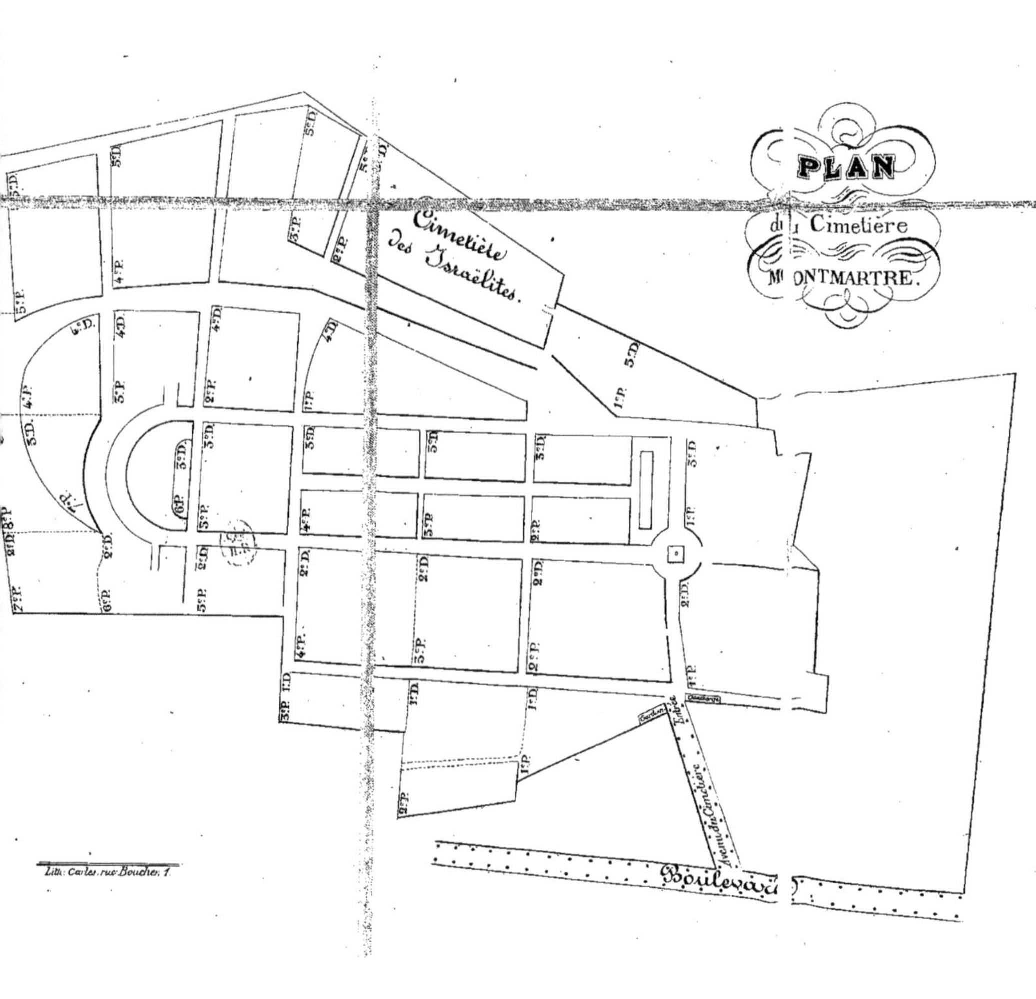

PLAN
du Cimetière
MONTMARTRE.
Cimetière des Israélites.
Avenue du Cimetière
Entrée
Boulevard
Lith: Carles, rue Boucher, 1.

www.ingramcontent.com/pod-product-compliance
Ingram Content Group UK Ltd.
Pitfield, Milton Keynes, MK11 3LW, UK
UKHW020312130726
13696UKWH00003B/1025